KB044409

일단 피곤하지 않게
살아보겠습니다

일단 피곤하지 않게 살아보겠습니다

호사카 다카시 지음
김영주 옮김

정신과 의사가 알려주는 마음휴식법

북스톤

차례

1장 | 방치하지 않는다

마음의 흐름은 내가 바꿀 수 있다

5장 | 선을 넘지 않는다
적당한 선에서 멈출 줄 안다

6장 | 억누르지 않는다
불편한 마음을 해소하는 법

7장 | 신경 쓰지 않는다

그렇게 조바심 내지 않아도 된다

8장 | 너무 잘하려 애쓰지 않는다

합격선을 과감히 내려보자

나에게 맞는
'마음휴식법'을 찾자

현대에는 마음이 어수선해 자기 자신을 알 수 없게 되어버린 사람이 많습니다. 혹시 당신도 그렇지 않습니까?

스트레스로 가득 찬 나날 속에 내 뜻대로 되는 게 없다는 짜증, 슬럼프에서 오는 초조함, 자기혐오, 주변 사람을 향한 질투, 고집이나 용서할 수 없는 마음, 미래에 대한 불안, 지난날의 후회 등, 누구나 이런 기분에 사로잡히곤 합니다. 그리고 머릿속에서 이것저것 되돌아보는 사이에 스트레스가 점차 괴물로 변하여 마음이 병들고, 결국 망가지는 사람도 있습니다. 특히 모든 일을 부정적으로 생각하는 사람이 그렇습니다. 어떤 운동선수는 '이번 경기는 질지도 몰라' 하고 생각하다 보면 어느새 '틀림없이 진다'고 믿게 된다고 말합니다.

한편 타인을 어떻게 대해야 할지 몰라 두려워하는 사람도 있습니다. '저 사람은 나하고 말하고 싶어 하지 않아'라는 생각이 들면 이내 '분명히 내 욕을 하고 있을 거야'라는 선입견을 품게 됩니다. 팀의 업무가 순조롭게 진행되지 않을 때는 자기 잘못이 아닌데도 '내가 원인일지도 몰라'라는 생각이 꼬리를 물다가 지나친 자기비하에 빠지고 맙니다.

스트레스 사회에서 살다 보면 많든 적든 불필요하고 무의미한 감정에 사로잡히기 쉽습니다. 그런데 무가치감과 열등감처럼 끊임없이 밀려드는 '불필요한 생각'을 유독 떨쳐내지 못하는 사람들이 있습니다. 이런 사람들은 크게 세 유형입니다.

◎ 자존감이 낮아 자신의 기분을 경시하거나 무시한다.
◎ 잊어버렸다고 생각하지만, 과거의 괴로운 경험이나 기억을 자주 곱씹는다.
◎ 미래를 비관적으로 예측한다.

이 가운데 어느 하나라도 해당되면 머릿속은 금세 한계에 도달합니다. 그래서 별것 아닌 일에도 의욕이 꺾이거나, 열심히 노력하면서도 허무함을 느끼거나, 있지도 않은 문제를 만들어내서 사실이라고 믿어버립니다. 한 번뿐인 인생인데 이런 기분에 휘둘려 시간을 낭비하다니, 아깝지 않습니까? 그러니 이런 마음의 회로를 다시 정리하는 방법을 발견해 스트레스를 줄였으면 좋겠습니다.

인간은 긍정적일 때도 있고, 부정적일 때도 있습니다. 물론 모든 고민을 부정하고 항상 긍정적일 필요는 없고, 그럴 수도 없습니다. 그러나 계속 이어지는 고민과 나쁜 흐름을 초기화할 수 있다면 무너진 마음의 균형도 되찾게 되지 않을까요? 뒤틀린 마음의 회로를 수정하면 '지금까지의 나'와는 다른 '그렇지 않은 나'가 보이기 시작할 것입니다.

이 책을 읽고 지금까지의 나에게서 벗어나, 어떤 상황에도 망가지지 않는 '건강한 마음'을 만들어 새로운 세상을 발견하시길 바랍니다.

호사카 다카시

1장

방치하지

않는다

마음의 흐름은

내가 바꿀 수 있다

방치한 스트레스는
'괴물'이 된다

"요즘 아내가 위가 아프다고, 혹시 위궤양일지도 모르겠다고 그러네요. 전업주부라서 위궤양에 걸릴 만한 스트레스는 없을 것 같은데…. 혹시 모르니 병원에서 진찰받는 게 좋을까요?"

어느 날, 오랜만에 만난 지인에게서 이런 질문을 받았습니다. 저는 이렇게 대답했습니다.

"전업주부도 당연히 스트레스를 받습니다. 지금 들은 이야기만으로는 원인을 알 수 없지만, 어쨌든 한번 검사를 받는 편이 좋지 않을까요?"

그리고 만약을 위해 추가로 물어봤습니다. "그런데 최근 아내분에게 환경의 변화가 있었나요?"

그는 기쁜 표정으로 대답했습니다. "환경의 변화요? 아내는 없는 것 같지만 저는 있었습니다. 정년퇴직해서 매일 느긋이 지내게 되었지요."

문진하려는 의도는 없었지만, 저는 그 아내의 위 통증 원인을 알 것 같았습니다. 아마 병명은 '남편 재택 스트레스 증후군'일 것입니다. 정년퇴직해서 온종일 집에 있는 남편이 아내의 스트레스가 되고, 점점 쌓이다가 어느 시점부터 다양한 문제(스트레스 반응)가 몸과 마음으로 나타나는 증상을 말합니다.

대표적인 스트레스 반응은 위 통증입니다. 스트레스로 자율신경 기능에 이상이 생기면 위의 점액 분비량이 줄어서 위점막의 저항력이 저하됩니다. 그 상태에서 다량의 위산이 분비되어 염증이나 궤양을 일으키는 것이죠. 방치하면 위궤양이나 위암 등이 생길 수도 있습니다. 그 밖의 신체적 영향으로는 십이지장궤양이나 궤양성대장염, 기관지천식, 편두통, 심장신경증, 신경인성방광 등이 있습니다. 심리 면에서는 의욕 상실이나 고독감, 건망증, 우울증, 섭식장애(과식이나 거식) 등이 나타납니다. 그뿐 아니라 쉽게 화를 내거나 혼자 있으려 하고, 음주량이 급격히 증가하는 등의 사례도 있습니다.

스트레스를 얼마나 받았을 때 심신에 변화가 나타나는지는 사람마다 큰 차이가 있습니다. 그 정도를 스트레스 내성이라 부르는데, 스트레스 내성이 약한 사람은 스트레스가 쌓여서 괴물이 되지 않도록 각별히 조심해야 합니다.

스트레스에 약한 유형은 첫 번째, 비관적으로 생각하는 경향이 있는 사람입니다. 이런 사람은 예를 들어 '이번 프레젠테이션은 절대 성공하지 못할 거야'라고 만사를 부정적으로 생각하기 쉽습니다. 부정적 사고가 스트레스로 이어지면 기획의 완성도도 어중간해지고, 프레젠테이션 당일 컨디션이 망가지기도 합니다.

두 번째 유형은 지나치게 성실하거나 책임감이 강한 사람입니다. 이런 사람은 한번 결정한 일은 무슨 일이 있어도 계속해야 한다고 생각하고 자기 자신을 혹사하는 경우가 많습니다. 자기 자신에게 무언가를 해야 한다고 계속 강요하면, 마음속에서 강한 반발과 스트레스가 생깁니다. '심리적 반발Psychological Reactance'이라는 현상 때문입니다. 어렸을 때 부모님에게 "공부해!"라는 말을 들으면 오히려 공부하기 싫어지던 청개구리 심보와 같은 맥락입니다.

자기 자신에게 어떤 일을 강요하면 이런 반발과 스트레스가 더 커집니다. 그 때문에 성실하고 책임감이 강한 사람일수록 평상시에 큰 스트레스를 받을 가능성이 높습니다. 그러다 스트레스가 조금만 추가되어도 한계를 넘어버릴 수 있습니다.

세 번째 유형은 자신이 스트레스에 강하다고 생각하는 사람입니다. "스트레스 따위는 한 방에 날려버릴 테니까 괜찮아!"라고 말하는 '활기찬 사람'도 있습니다. 하지만 일본의 한 제약회사가 조사한 바에 따르면, 스트레스를 참는 경향이 있는 사람은 그렇지 않은 사람보다 위 통증의 발생 비율이 2배가 넘는다고 합니다.

나는 스트레스 내성이 약하다고 생각하는 사람은 스트레스가 괴물이 되기 전에 대처해야 합니다.

혹시 지금, 방치해서는 안 되는 문제를
너무 많이 짊어지고 있지는 않은가?

왜 그 일은
나에게만 힘들까?

백인백색百人百色이라는 말이 있습니다. 사람이 백 명 있으면 백 명 모두 제각각이라는 뜻입니다. 이 말은 스트레스에도 해당됩니다.

어느 날, 오랜만에 일찍 귀가했더니 아내가 관자놀이를 손가락으로 누르며 투덜거렸습니다. "요즘 근처에서 리모델링을 하는 것 같아. 하루 종일 공사하는 소리가 나. 그 소리에 머리가 울려."

저는 "그렇구나" 하며 귀를 기울여 보았지만, 가장 먼저 들리는 것은 틀어놓은 TV 소리였습니다. 공사는 이야기를 듣고 보니 멀리서 쿵쿵 소리가 들리는 정도였습니다. 그냥 리드미컬하고 참을 만하게 느껴졌습니다.

"그렇게 신경 쓰일 정도인가?"라고 말하려 하자, 저의 반응을 짐작했는지 아내가 하소연했습니다. "당신은 괜찮을지 몰라도 나는 신경이 쓰여."

이것이야말로 사람마다 스트레스 내성이 다르다는 것을 보여주는 단적인 예입니다.

스트레스는 원래 물리학 용어였습니다. 아주 간단하게 설명하면 공을 세게 눌렀을 때 움푹 들어가는 상태로, 물리학에서는 이 움푹 들어간 모양이나 찌그러진 형상을 스트레스라 부릅니다. 그런데 인간의 몸과 마음에도 공과 같은 일이 일어난다고 생각한 생리학자가 있었습니다. 캐나다의 한스 셀리에Hans Selye 박사입니다. 셀리에는 외부 세계로부터 가해진 자극에 대해 생체가 일으키는 반응을 스트레스라 부르고, 스트레스 반응을 일으키는 외부 세계의 자극을 '스트레스 요인Stressor'이라 이름 붙였습니다.

무엇이 스트레스 요인이 되는지는 사람마다 다릅니다. 앞에서 예로 든 공사 소리에 대한 저희 부부의 인식 차이에서도 알 수 있죠. 소리에 노출된 시간이 다르기 때문에 일률적으로 말할 수는 없지만, 적어도 저는 신경 쓰이지 않았습니다. 그러나 아내에게는 두통을 일으킬 정도의 스트레스 요인이었습니다.

앞에서 소개한 지인은 아내가 "전업주부이니 위궤양이 생길 정도의 스트레스는 없을 것이다"라고 잘라 말했습니다. 본인이 스트레스 요인일 리가 없다고 확신한 거죠.

남편 재택 스트레스 증후군의 발병 원인은 '남편이 하루 종일 집에 있다', '남편이 점심때까지 잠만 잔다', '시간도 많으면서 이부자리조차 정리하지 않는다', '집안일을 도와주지 않는다', '매 끼니 식사를 준비해야 한다', '좋아하는 TV 프로그램을 볼 수 없다' 등으로 알려져 있습니다.

정년퇴직하고 집에 있는 시간이 길어진 남편은 사소하거나 별거 아닌 일이라 생각할 것입니다. 하지만 지금까지 낮에는 혼자 자유로운 시간을 보내던 아내는 이런 하나하나가 상당히 강력한 스트레스 요인으로 작용합니다.

사람마다 스트레스 요인이 다르다고 말씀드렸죠. 하지만 대략적인 분류는 해볼 수 있습니다. 오사카쇼인여자대학교의 나쓰메 마코토夏目誠 명예교수는 2,000명 이상을 조사해서 스트레스 요인의 평균을 냈습니다. 일하는 남성에게 가장 큰 스트레스 요인은 '배우자의 죽음'으로 100점 만점에 83점입니다. 그 뒤로 '회사의 도산', '이혼', '친족의 죽음' 등이 이어집니다. '결혼'과 '개인적 성공'처럼 좋은 일도 스트레스 요인으로 작용한다는 점이 흥미롭습니다.

가정주부에게도 가장 큰 스트레스 요인은 '배우자의 죽음'으로 83점입니다. 그런데 그 뒤로 이어지는 요인은 '이혼', '남편 회사의 도산', '자녀의 가정폭력', '남편의 외도' 등으로 일하는 남성과 미묘하게 다름을 알 수 있습니다.

참고로 일하는 남성이 '여기까지는 견딜 수 있다'라고 대답한 점수는 74점, 현재 스트레스 수준은 48점입니다. 한편 가정주부가 견딜 수 있다고 대답한 점수는 69점, 현재 스트레스 수준은 49점입니다. '아내는 전업주부라서 위궤양에 걸릴 만한 스트레스는 없을 것 같다'던 제 지인의 생각이 잘못되었다는 것은 이 조사 결과에서도 알 수 있습니다.

작은 '스트레스 요인'도 알아차리자.

마음은 항상 '경보 사이렌'을 울리고 있다

'현대 사회에는 스트레스가 많다'라는 말을 자주 듣습니다. 정말 질릴 정도로 듣지요. 이 말이 사실이라는 점은 일본 후생노동성이 매년 실시하는 노동안전위생조사 결과로도 확인할 수 있습니다. 2021년 조사에 따르면, 현재의 일이나 직업생활과 관련해서 강한 불안이나 스트레스를 느끼는 노동자의 비율은 53.3%에 달합니다. 과반수의 사람이 상당한 스트레스를 받는 셈입니다.

구체적인 스트레스 내용으로는 '업무량'이 43.2%로 가장 많고, 이어서 '일의 실패, 책임 발생' 등이 33.7%, '일의 질'이

33.6%였습니다. 일 이외에도 '가족과 친구, 애인 등과 싸우거나 문제가 있다', '이사와 이직, 결혼과 이혼 등으로 생활환경이 크게 변했다', '가족과 친구, 연인, 반려동물 등이 아프거나 죽었다' 등이 스트레스 원인이 되기 쉽습니다.

그러나 앞에서도 이야기했듯이 같은 수준의 스트레스라도 강하게 느끼는 사람과 그다지 신경 쓰이지 않는 사람이 있습니다. 저는 스트레스에 관한 가장 큰 문제는 사실 이 '그다지 신경 쓰이지 않는다'고 대답한 사람에게 있다고 생각합니다. 물론 스트레스를 전혀 느끼지 않는 강한 정신력의 소유자들도 있습니다. 그러나 대다수는 자신이 스트레스 상태인 것을 알아차리지 못하고 있다고 생각합니다.

특히 주의해야 하는 경우는 여러 가지 스트레스가 동시에 발생했을 때입니다. 예를 들어 '일이 바빠지고 가족과의 관계가 삐걱거리기 시작했다'라거나 '이혼하게 되어 이사할 수밖에 없었다' 같은 경우입니다.

이렇게 여러 스트레스가 한꺼번에 몰려와 한계를 넘어버리면, 본인은 알아차리지 못하더라도 마음과 몸에 어떤 반응이 나타날 수 있습니다. 이것이 '스트레스 반응'입니다.

스트레스 반응은 몸, 마음, 행동 등에 다양한 형태로 나타납니다. 몸에 나타나는 반응은 어깨 결림이나 두통, 복통, 요통 등입니다. 병원에 가도 '원인을 알 수 없다'라는 진단을 받습니다. 그 밖에는 잠을 푹 자지 못하고 한밤중에 자꾸 깨거나, 식욕이 없어 식사량이 극단적으로 줄어들거나, 반대로 아무리 먹어도 포만감을 느끼지 못해 폭식하는 경우가 있습니다. 설사와 변비가 반복되거나, 이명과 어지러움에 시달리는 예도 있습니다.

한편 마음에 나타나는 반응으로는 쉽게 화를 낸다, 짜증이 난다, 사소한 일에도 소스라치게 놀란다, 슬프지도 않은데 갑자기 눈물이 난다 등이 있습니다. 인간관계가 귀찮아지고 사람을 만나는 것을 피하기도 합니다.

행동에 나타나는 스트레스 반응으로는 음주나 흡연량이 늘거나, 업무상 실수 또는 자칫하면 큰 사고로 이어질 수 있는 '아찔한 사건' 등이 증가합니다.

이러한 변화가 스트레스 반응이라는 사실을 알고 있어야 합니다. 그러면 반응이 나타날 때마다 적당히 휴식을 취해서 스트레스를 괴물로 키우지 않고 넘길 수 있습니다. 항상 자기 자신의 변화에 주의를 기울여야 합니다.

스트레스로 '힘든 나'를 알아차리자.

나에게 맞는
스트레스 대응 전략

우리가 살아 있는 한 계속 스트레스에 노출된다면, 지구상의 모든 인류는 하루하루 스트레스가 쌓여서 결국 마음이 병들고 말 것입니다.

그런데 실제로는 그렇지 않습니다. 마음의 병을 앓는 사람은 해마다 늘고 있지만, 그래도 전 인류가 그런 것은 아닙니다. 대부분은 어떤 방식으로든 하루하루의 스트레스를 해소하고 있기 때문입니다.

스트레스에 적절히 대처하고 발산하는 방법을 '스트레스 코핑'이라 합니다. 코핑coping은 '상황을 조작하기 위한 반응'이라는 뜻입니다. 가장 대표적인 스트레스 코핑은 다음의 두 가지입니다.

① 문제 초점형 코핑 : 원인 제거하기

스트레스의 원인인 사건을 변화시켜 스트레스를 해소하는 대응법입니다.

예를 들어 인간관계가 스트레스라면 '과감히 이직한다' 또는 '현재 사귀고 있는 친구나 연인과 깨끗이 헤어지고 새로운 사람들과 사귄다'라는 직접적인 대응으로 스트레스를 해소합니다.

스트레스의 근본 원인을 변화시키거나 제거하기 때문에 매우 효과적이지만, '이직한다'와 '친구나 연인과 헤어진다'와 같이 좀처럼 실행하기가 어렵다는 단점이 있습니다.

② 정동 초점형 코핑 : 발상을 전환하고 감정 해소하기

스트레스의 근본 원인을 제거하는 것이 아니라 그 스트레스로 발생한 불쾌한 감정을 자신의 마음으로 통제하는 방법입니다.

예를 들어 상사나 부모에게 혼이 났을 때 '이런 것도 할 수 없다니, 나는 가망 없구나'라고 생각하면 스트레스를 받

습니다. 하지만 반대로 '기대를 걸고 있으니 나를 혼낸 거야. 정말 가망이 없다면 포기했겠지'라고 긍정적으로 해석하는 겁니다. 또는 친한 친구에게 푸념하면서 스트레스를 발산하거나, 취미에 몰두함으로써 혼났던 일을 잊어버립니다. 이런 것들이 대표적인 정동 초점형 코핑입니다.

이 방법은 자신이 하기 나름이어서 마음만 먹으면 쉽게 스트레스를 발산할 수 있다는 장점이 있습니다. 그러나 근본 원인의 해결을 피하고 있기에 계속해서 스트레스와 마주해야 한다는 단점이 있습니다.

어느 방법이 좋을지는 상황에 따라 달라집니다. 만약 스트레스의 근본 원인을 변화시킬 수 있다면 문제 초점형 코핑을, 변화시키기 어렵다면 정동 초점형 코핑으로 대응하는 것이 바람직합니다. 자신이 놓인 상황에 따라서 두 가지 코핑을 구분해 사용합니다.

최악의 대응은 '스트레스는 저절로 사라진다'라면서 스트레스를 방치하는 일입니다. 내버려두면 스트레스의 수렁은 점점 더 깊어질 뿐입니다.

가장 나쁜 스트레스 해결은 그냥 방치하는 것이다.

습관처럼 떠오르는
'자동사고'에 갇히지 말라

"이동신청서를 제출할까 생각 중이에요."

어느 날, 잘 아는 여성이 상담 중에 이렇게 말했습니다. 그가 근무하는 회사는 유명한 데다, 경험이 풍부하고 주위 사람들을 잘 챙기는 그를 후배들도 믿고 따랐습니다. 저는 이 이야기를 듣고 조금 놀라 물었습니다.

"안 좋은 일이라도 있었어?"

그러자 그가 머뭇거리며 말했습니다.

"얼마 전, 주거래처에 보낸 이메일에서 큰 실수를 저질 렀어요. 저는 평소에 이메일 실수는 절대 하면 안 된다고,

꼼꼼히 확인하라고 후배들에게 늘 엄하게 일러뒀거든요. 그런데 제가 실수를 저지르다니 저 자신을 용서할 수가 없어요. 분명히 후배들도 제가 못하는 일을 남에게 떠넘기고 있다고 생각할 거예요. 지금까지의 노력이 모두 허사가 됐어요. 그래서 부서를 옮겨서 심기일전하는 편이 좋을 것 같아요."

저는 "조금 더 생각해보고 결정하는 것이 어때?"라고 설득했습니다. 며칠 뒤, 같은 회사에 근무하는 이에게 연락해 지인의 근황을 물어보았습니다. 그는 이렇게 대답했습니다. "네, 평소처럼 많은 도움을 받고 있습니다! 후배들은 좋은 선배가 있어 다행이라고 생각하고, 상사분들도 의지하고 있어요."

저는 제 지인이 자동사고의 함정에 사로잡혀 있었을 뿐이라고 생각합니다. 자동사고는 사람들이 저마다 가지고 있는 '사고방식의 버릇'입니다.

예를 들어 사소한 문제라도 생기면 조금의 의심도 없이 '앞으로 뭘 해도 잘될 리 없어'라며 포기해버리는 사람이 있습니다. 이것은 자동으로 머리에 떠오르는 사고방식으로, 항상 맞는 것은 아닙니다. 한 번 실수했다고 지금까지의 노력이나 평가가 모두 사라지는 게 아닌데도, 그 지인은 자기 실수를 용서하지 못하고 주변의 평판을 잃었다고 생각합니다. 그러나 자동사고는 잘못된 결론(생각)을 도출하는 경우가 적지 않습니다.

지인처럼 '모든 것이 완벽하지 않으면 의미가 없고, 존재 의의도 없다'는 식의 자동사고를 '흑백사고'라고 부릅니다. 잘못된 자동사고는 흑백사고를 포함해 그 패턴이 11개나 있다고 알려져 있습니다. 그중 몇 가지를 소개해보겠습니다.

여기 열심히 노력해서 성과를 올린 한 사람이 있습니다. 주위에서는 '잘됐다'라며 칭찬하거나, '자신감을 가지고 지금처럼만 하는 거야'라고 격려해줍니다. 하지만 본인은 '분명 우연일 거야. 나는 언제나 운이 나빴으니까'라며 마치 실패한 사람 같은 표정을 짓습니다. 이것은 '부정적 사고'라고 불리는 사고방식입니다. 이렇게 되면 겸손을 넘어 자기비하라고밖에 할 수 없습니다. 모처럼 얻은 성과도 헛수고입니다.

또 다른 자동사고도 있습니다. 회사 업무에서 모 아니면 도라는 식으로 승부를 거는 것은 확실히 위험합니다. 하지만 설사 그렇더라도 해보지 않으면 알 수 없는 일은 분명히 존재합니다. 아무 근거도 없는데 '틀림없이 안 될 거야'

라고 단정 짓고 도전하지 않거나, 기회를 잡으려 하지 않는 사업가를 보신 적 없으십니까? 이것은 '선행적 사고'라고 불리는 사고방식입니다. 확실히 실패하지 않을지는 몰라도 발전도 성장도 기대할 수 없습니다.

그런가 하면 중대한 문제가 발생했는데도 별일 아니라고 여기고 올바르게 대응하지 않는 '과소평가적 사고'의 소유자도 있고, 반대로 사소한 일이 모든 것에 영향을 미친다고 믿는 '확대해석적 사고'의 소유자도 있습니다. 직장 상사가 이런 유형이라면 곤란하겠지요.

친구끼리도 어울리기 힘든 유형이 있습니다. 예를 들어 화제가 된 영화를 보러 같이 가자고 권했는데, '주인공 배우가 싫어서 안 갈래'라고 거절하는 사람이 있습니다. 이는 합리적인 이유나 이성도 아닌 그저 감정만으로 판단했기 때문에 '감정적 단정 사고'라고 부릅니다.

앞에서 '자동사고는 사고방식의 버릇'이라고 이야기했습니다. "인간은 누구나 적어도 일곱 가지 버릇은 가지고 있다"라는 일본 속담이 있습니다. 하지만 인간관계에서는 적당한 타협이 반드시 필요합니다.

자동사고는 사실이 아니라 머릿속 생각에 불과하다.

부정적 생각은
'궤도 수정'이 가능하다

자동사고 패턴에 시달리다 마음이 병든 사람이 적지 않습니다. 하지만 자동사고 패턴은 말 그대로 자동으로 떠오르는 사고방식인 터라 정작 본인은 이것이 잘못되었다고 깨닫지 못하는 경우가 대단히 많습니다.

그리고 제가 자동사고 패턴에 관해 설명하면 대부분의 사람들이 "자동으로 떠오르면 도저히 고칠 수 없겠군요"라며 표정이 어두워집니다.

맞습니다. 사고방식은 간단히 고쳐지지 않죠. 하지만 결코 고칠 수 없는 것은 아닙니다. 덮어쓰기를 반복하다 보면 조금씩이라도 긍정적인 방향으로 변해갑니다.

애초에 '고칠 수 없을 것 같아'라거나 '무리야'라고 단정 지어 생각하는 것도 '일반화 사고'라는 자동사고 패턴에 사로잡혀 있다는 증거입니다. 그래서 이런 말을 하는 사람에게는 다음과 같은 조언을 드립니다. "그것도 자동사고 패턴 가운데 하나입니다. 조금 더 유연하게 생각해보세요." 그러면 다들 깜짝 놀란 표정으로 멋쩍어합니다.

굳이 이런 지적을 하는 이유는 우선 자신이 어떤 자동사고 패턴에 사로잡혀 있는지 이해하는 일이 중요하기 때문입니다. '아, 이게 나의 자동사고 패턴이구나'라고 이해할 때마다 이 사고방식을 조금씩 고쳐나갈 생각도 할 수 있습니다. 그것만으로도 자동사고는 조금씩 개선됩니다.

이렇게 자신의 사고방식을 아는 것에서부터 시작하는 치료를 '인지행동치료'라고 부릅니다. 원래는 전문가의 도움을 받으면서 진행해야 합니다. 하지만 어느 정도까지는 혼자서도 가능하므로 여기 그 방법을 소개하겠습니다.

① 자신이 사로잡혀 있는 자동사고 패턴을 깨닫는다.
지금까지의 일들을 되돌아보면서 자신에게 어떤 자동사고 패턴이 있는지 확인합니다.

② 자동사고 패턴이 초래한 결과를 인지한다.

자신이 문제라고 생각하는 자동사고 패턴이 무엇인지 깨달으면, 그로 인해 '어떤 감정이 야기되었는지' 그리고 '어떤 문제가 생겼는지'를 생각해봅니다.

③ 자동사고 패턴의 영향을 인지한다.

자신이 사로잡혀 있는 자동사고 패턴이 자신의 기분이나 행동에 어떤 영향을 주고 있는지 생각해봅니다.

④ 자동사고 패턴의 버릇을 인지한다.

자신이 사로잡혀 있는 자동사고 패턴이 어떤 상황에서 발생하고, 그때 주로 어떤 기분이 드는지 생각해봅니다.

⑤ 자동사고 패턴의 어긋남을 수정한다.

자동사고 패턴으로 발생하는 사고방식이나 기분, 행동이 현실과 얼마나 어긋나 있는지 확인하고, 유연한 사고방식으로 현실에 가깝게 궤도를 수정해 나갑니다.

참고로 '현실에 가깝게 사고방식의 궤도를 수정'하는 효과적인 방법은 제삼자의 시선에서 바라보는 것입니다. 예를 들어 '가족이나 지인들은 비슷한 상황이라면 어떻게 반응했을까?', '이런 경우 ○○이라면 어떤 충고를 했을까?'라고 가정해봅니다. 또한 기분이 좋을 때는 사고방식이 어떻게 달라질지 상상해보는 것도 효과적입니다.

얼마 뒤, 저는 앞에서 언급했던 지인과 만났습니다. 그리고 이렇게 조언했습니다. "다른 사람들은 당신이 생각하는 것만큼 실패를 심각하게 받아들이지 않아. 용기를 내서 물어보는 게 좋을 것 같아." 또 앞으로의 업무에도 도움이 되기를 바라며 말했습니다. "당신은 자동사고 패턴에 사로잡혀 있는 것 같아. 자신이 어떤 자동사고에 빠져 있는지 알아보면 어때?"

이후 그가 다시 든든한 선배로서 그 어느 때보다 활약하고 있다고 들었습니다. 분명 저의 조언이 도움이 되었다고 생각합니다.

반드시 '기분을 초기화'하는 시간을 마련하자.

속박의 정체를 깨닫는 순간,
속박이 풀리기 시작한다

누구에게나 잘하는 것과 그렇지 않은 것이 있습니다. 요리라든지, 자동차 운전, 노래 같은 것들이 그렇습니다. 학교 공부라면 선생님이나 부모님에게서 '노력이 부족해', '노력해야지'라는 말을 들을 수도 있습니다. 어쨌든 어려운 무언가를 극복하는 것은 꽤 힘든 일입니다.

　제가 아는 사람 중에 개를 무서워하는 이가 있습니다. 어렸을 때 큰 개가 자신을 향해 짖은 이후로 무서워서 견딜 수가 없다고 했습니다. 그는 스스로 이렇게 분석했습니다. "아무래도 그 경험이 트라우마가 되어서 개를 좋아할 수 없는 것 같아."

또 어떤 사람은 대학을 우수한 성적으로 졸업하고 주위 사람들이 부러워할 만한 기업에 취직했습니다. 업무에서도 높은 평가를 받았습니다. 그런데 정작 본인은 스스로에게 전혀 자신이 없다며 고민하고 있었습니다. 상담사가 면담을 통해 그 원인을 조사했는데, 어렸을 때 어떤 사람에게 '너는 훌륭한 인간이 될 수 없다'는 말을 들은 일이 트라우마가 된 것 같았습니다. 그는 공부도 일도 평균을 넘어 대단히 우수한데도 전혀 자신감을 가질 수 없었다고 합니다.

유소년기에 경험한 일이 현재의 나에게 영향을 미치고 있다는 생각이 드는 경우가 적지 않습니다. 좋은 부분도 나쁜 부분도 모두 포함한 '자기 정의'를 인지심리학에서는 '스키마schema'라 부릅니다. 그중에서도 유소년기에 형성되어 바람직하지 않은 반응을 일으키는 스키마를 '초기 부적응적 스키마'라고 하며, 18가지 종류가 존재합니다. 물론 이것은 병은 아닙니다. 그러나 때로는 묘한 고집이나 거부감으로 나타나기도 합니다.

예를 들어 동생을 돌보며 '착한 아이로구나'라고 칭찬받은 사람이 있습니다. 그 경험 때문에 그는 유치원이나 초등학교에서는 자기보다 어린아이들에게 친절하게 대하고,

사회인이 되어서도 열심히 후배를 지도합니다. 물론 그는 천성이 선한 사람이지만, '자기희생 스키마'일 가능성도 있습니다.

또 다른 전형적인 예로 '버림받음의 스키마'가 있습니다. 언젠가 사람들에게 버림받을 것이라는 걱정 때문에 사람들과 친밀해지지 않으려 하는 경향이 있습니다. 종종 언론에서 보도되는 '부모에게 방치당한 어린아이', 이른바 방임 환경에 놓였던 사람이 가질 만한 스키마입니다.

앞에서 소개한 '우수한데도 자신감이 없는 사람'은 부정적 사고가 강한 '부정·비관 스키마'에 해당할지도 모릅니다. 반대로 아무런 실적도 권한도 없으면서 자신만만한 잘난 척 캐릭터이거나 주위에서는 인정하지 않는데 이른바 '여왕병'에 걸린 사람도 있습니다. 이들은 '특권의식 또는 과대자아 스키마'에 해당하며, 근거 없이 나는 특별한 존재라고 믿습니다.

젊은 사업가 중에도 '나는 실패만 한다'라거나 '모든 일에 실패할까 봐 너무 두렵다'고 말하는 사람이 있습니다. 하지만 그런 걱정은 혼자만 하는 게 아닙니다. 많은 사람이 그렇게 생각하고, 베테랑들이 걸어온 길이기도 합니다. 그 감정에 너무 얽매이다 보면 '실패 스키마'가 되어버립니다.

한편 주변 사람들이 결혼 이야기로 들떠 있을 때 '나는 아무도 사랑해주지도, 이해해주지도 않는다'라고 생각하는 사람은 정도가 심해지면 '정서적 결핍 스키마'에 빠질 수 있습니다. 하지만 사람이 살아가는 방식은 각양각색입니다. 결혼이 무조건 행복인 것도 아니고요.

세상에는 이처럼 다양한 스키마가 존재합니다. 그러나 모두가 자신의 스키마에 질식당해 사는 건 아닙니다. 자동차 운전에 자신이 없으면 꾸준히 안전운전을 하면 됩니다. 노래방에서 노래를 잘 부르지 못해도 남에게 폐를 끼치는 것은 아닙니다.

묘한 고집이나 거부감은 이식된 '생각(초기 부적응적 스키마)'에 불과한 경우가 대부분입니다. 심각하게 고민할 필요가 전혀 없습니다.

나 자신을 몰아붙이는 생각에서 졸업하자.

옳다고 믿었던 것을
살짝 의심해보자

'초기 부적응적 스키마'를 본격적으로 치료하기 위해서는 정신과 전문의나 상담사 같은 전문가의 도움이 필요합니다. 이때 사용하는 치료법을 '스키마 요법'이라고 합니다. 이것은 미국의 심리학자 제프리 영 Jeffrey E. Young 이 개발한 치료법으로, '마음의 체질 개선'이라고도 부릅니다.

신체적 체질 개선이 하루아침에 이루어지지 않듯이, 스키마 요법도 원래는 상당히 오랜 시간이 필요합니다. 하지만 오랫동안 꾸준히 전문가의 상담을 받기 어려운 사람도 많습니다. 그런 분들은 직접 치료를 시작해도 좋습니다.

가장 먼저 할 일은 내게 해당하는 스키마가 있는지 객관적으로 판단하는 것입니다. 어떤 스키마가 내게 해당하는지 깨닫는 순간 치료는 이미 시작되었습니다. 자신을 속박하는 스키마의 존재를 깨닫는 일이 가장 중요하기 때문입니다. 이 깨달음만으로 스키마의 영향력이 격감하여 삶의 고통이나 스트레스가 가벼워졌다는 사람들도 많습니다.

　　예를 들어 '실패 스키마'의 영향이 강하다고 가정합시다. 실패 스키마는 '나는 실패만 한다'는 사고방식입니다. 이것이 사실인지 아닌지, 자신의 인생을 되돌아보며 검증해봅시다.

　　실패 스키마는 어린 시절 "너는 가망 없는 애야!" 또는 "항상 실수만 한다니까!"처럼 부모나 어른들에게 강한 질책을 받아서 생기는 경우가 많습니다. 해당 경험이 사실이라면 경험 자체를 바꿀 수는 없으므로 '그런 일은 없었다'고 믿는 것은 역효과입니다. 제프리 영도 "그런 사고방식은 스키마에 대한 부적응적 대처방식이다"라고 지적했습니다. 그는 스키마를 지속하게 만드는 '부적응적 대처방식'으로 다음의 세 가지를 지적했습니다.

　　① 복종 : 스키마가 시키는 대로 한다.

41

② 회피 : 스키마에 직면하지 않도록 항상 조심하고, 해당 사고방식이나 문제에서 도망치려고 한다.

③ 반격과 과잉보상 : 스키마를 극단적으로 적대시하고 정반대의 행동을 보이며 싸우려 하거나 그런 일은 없었다고 믿으려 한다.

이러한 부적응적 대처방식에 빠지지 않으려면 '나는 실패만 한다'라는 사고방식이 틀렸음을 증명하면 됩니다. 예를 들어 '합격 가능성이 없다고 생각한 대학에 지원했는데 붙었다', '멋진 사람을 알게 되었다', '고백이 성공해서 데이트할 수 있었다'와 같은 성공 체험은 누구나 있습니다. 그런 체험을 떠올리면 '나는 실패만 한다'는 사고방식이 잘못되었음을 깨달을 수 있습니다.

다음으로는 자신에게 용기를 북돋아줍니다. 실패 스키마의 경우라면 '지난번 회의에서는 내가 생각해도 괜찮은 발언을 했어. 상사도 만족스러워 보였어. 이건 대단한 일이야', '아이가 오늘 도시락이 맛있다고 그랬어. 나는 도시락 천재야'라고 계속 자기 자신을 칭찬해줍니다.

그리고 자신이 사로잡혀 있는 스키마를 반박합니다. '실패는 그렇게 부끄러운 게 아니다', '유니클로의 야나이 다다시 회장도 자신의 사업은 1승 9패였다고 했다. 그에 비하면 두세 가지 실패 정도는 아무것도 아니다'라고 생각하는 겁니다.

마지막으로 추천하는 방법은 '스키마 일기' 쓰기입니다. 실패 스키마의 경우라면 성공한 일, 합격한 일, 잘 풀린 일, 칭찬받은 일 등을 일기장에 꾸준히 기록합니다.

만약 마음속에서 실패 스키마가 슬며시 고개를 든다면 이 일기장을 펼쳐서 성공 체험을 떠올리고 회상에 잠겨보세요. 참고로 이러한 성공 체험은 '행복 스키마'라고 부릅니다. 이런 노력을 계속하다 보면 시간은 걸리겠지만 바람직한 스키마를 조금씩 늘려갈 수 있습니다.

몇 초의 노력으로도
반론의 '증거'를 찾을 수 있다.

불쾌한 경험은
그때그때 글로 적자

몸 상태가 안 좋다고 호소하는 환자가 병원을 찾아오면, 의사는 응급처치를 하고 즉시 검사해서 원인을 찾습니다. 원인에 따라 치료법도 다르기 때문입니다. 원인을 밝히기 전에 섣불리 치료를 시작했다간 자칫 증상이 악화될 수도 있습니다.

그러나 마음의 상태가 안 좋은 경우는 대응이 다릅니다. 예를 들어 '기분이 좋지 않다', '의욕이 생기지 않는다', '오늘은 밖에 나가기 싫다' 같은 느낌이 드는 날이 있습니다. 그 이유는 대부분 스트레스로 추측할 수 있습니다. '애인과

싸워서 기분이 좋지 않다'든가 '상사에게 혼나서 의욕이 생기지 않는다'라는 식으로 말이죠. 다시 말해 마음의 상태가 좋지 않은 원인은 자기 자신도 어느 정도 알고 있습니다. 다만 원인을 알더라도 이 단계까지 오면 이미 마음은 병들기 시작했다는 뜻이므로 치료가 시급합니다.

제 클리닉에도 비슷한 고민을 하는 분들이 자주 찾아옵니다. 그럴 때 제가 주로 알려드리는 치료법이 바로 '칼럼법'입니다.

이는 자신이 가지고 있는 스트레스나 고민을 자신에게서 분리하여 객관적으로 다루는 심리요법입니다. 저는 항상 다음의 5단계로 진행하고 있습니다. 각 단계를 이해하고 나면 혼자서도 어렵지 않게 할 수 있습니다.

◎ 1단계 : 스트레스 요인이라고 생각되는 일을 객관적이고 구체적으로 적습니다. 예를 들어 '애인과 영화를 보려고 했는데 그는 공포 영화, 나는 로맨스 영화를 보고 싶다고 주장했다. 어느 쪽도 주장을 굽히지 않아 말다툼으로 이어졌다'는 식으로 감정을 분리해서 일의 경위를 기록합니다.

◎ 2단계 : 일이 일어났을 때 어떻게 느꼈는지 적습니다.

예컨대 '나는 겁이 많아서 공포 영화 같은 건 절대 보고 싶지 않았다', '그가 주장을 굽혀주길 바랐다', '나를 소중하게 생각하지 않는 건가?' 등을 씁니다.

◎ 3단계 : 그때의 감정을 구체적인 점수로 나타냅니다. '분노 70점', '슬픔 60점', '불안 40점'처럼 기분을 수치로 만들어봅니다.

◎ 4단계 : 어떤 일이 발생했을 때 대응할 다른 선택지가 없었는지 생각해봅니다. 예를 들어 '겁이 많다고 솔직하게 말할 걸 그랬다', '영화관 말고 다른 곳에 가자고 제안할 걸 그랬다', '고작 영화로 상대의 진심을 판단하지 말았어야 했다' 등을 씁니다.

◎ 5단계 : 다시 한 번 자신의 감정을 점수로 나타냅니다. 아마 대부분 '분노 40점', '슬픔 30점', '불안 10점'처럼 점수가 3단계보다 떨어졌을 것입니다.

스트레스 요인을 글로 정리하고 감정이라는 애매한 심리작용을 숫자로 나타냄으로써 갈등의 원인을 객관적으로 보게 되어 감정의 고조를 억제할 수 있습니다. 한마디로 스트레스를 줄일 수 있습니다. 필기도구와 노트만 있으면 간단히 해볼 수 있으니 '마음에 문제가 있는 것 같다', '이번 문제는 조금 버겁다'라고 느껴질 때 한번 시도해보세요. 이것 또한 스스로 건강을 챙기는 자기치유의 한 가지 방법입니다.

마음속에서 생긴 일은
부지런히 '밖으로' 내보내자.

나에게 너무 많은 부담을
주지 말자

제법 오래전 일입니다. 대선배인 정신과 전문의가 이렇게 중얼거렸습니다. "스트레스 요인은 마치 닌자 같군." 그야말로 명언 아닌가요? 스트레스 요인은 닌자처럼 발소리도 없이 우리가 알아차리지 못하는 사이에 몰래 다가오니 말입니다. 깨달았을 때는 이미 늦어버려서, 우리는 다양한 스트레스 반응에 시달리며 마음을 앓게 됩니다.

그러니 스트레스 없는 생활을 보내기 위해서는 스트레스 요인이라는 미세한 닌자의 발소리와 기척을 민감하게 알아채 접근을 막아야 합니다.

물론 쉽지는 않습니다. 스트레스 요인은 일상 곳곳에 도사리고 있고, 우리가 알아차리지 못하는 모습으로 다가옵니다. 게다가 우리 마음에 악영향을 끼치는 유해한 스트레스 요인만 있는 것이 아니라 유익한 스트레스 요인도 많아서 현명하게 감별해야 합니다. 앞에서 소개한 한스 셀리에 박사는 "스트레스는 인생의 향신료다"라는 말을 남겼습니다. 적당히 향신료가 들어간 음식이 맛있듯이, 스트레스 자극도 적당히 받으면 뇌가 활성화되고 인생은 더욱 충만해집니다. 스트레스 요인이라 해서 무조건 차단해버리면 오히려 마음에 역효과가 생길 수 있습니다.

그러므로 일단 스트레스 요인을 받아들이고, 스트레스가 괴물이 되기 전에 어떤 방법으로든 조금씩 꾸준히 발산하는 것이 현명한 대처법입니다.

그럼 어떻게 스트레스를 발산해야 할까요? 일반적으로는 음식이나 운동, 취미, 도박 등이 효과가 있다고 알려져 있습니다. 그러나 하면 할수록 오히려 스트레스가 늘어나기도 합니다. 음식만 해도 그렇죠. 알코올은 뇌의 긴장을 풀어주거나 졸음을 유발하는 효과가 있어서, 적당량을 섭취하면 스트레스 발산에 대단히 효과적입니다. 또한 맛있는 식사를 하면 마음을 건강하게 만들어주는 도파민이라는 물질이 뇌로 방출됩니다. 그래서 크지 않은 스트레스는 쉽게 날려버릴 수 있습니다.

하지만 지나치게 의존하면, 다시 말해 화를 술이나 음식으로 풀다 보면 자기혐오라는 새로운 스트레스가 생깁니다. 그 결과 오히려 더 우울해지거나 스트레스 내성이 약해집니다. 도박이나 운동, 게임 모두 마찬가지입니다. 특히 도박이나 승패가 확실한 운동과 게임은 이겼을 때는 만세를 부르며 스트레스가 발산되지만, 졌을 때는 또 다른 스트레스 요인이 되어 더 악화될 뿐입니다.

그럼 어떻게 해야 스트레스를 성공적으로 발산할 수 있을까요? 그런 질문을 받으면 저는 항상 이렇게 조언합니다. "자기 자신에게 부담을 주지 마세요."

구체적으로는 음식이든 운동이든 자신을 힘들게 하지 않는 범위에서 즐기는 것이 좋습니다. 과식과 과음은 말할 필요도 없고, 무리한 운동도 좋지 않습니다. 다른 취미도 과하게 빠져들면 금전적으로나 신체적으로 자신을 힘들게 만듭니다. 무엇이든 선을 넘지 않는 것이 중요합니다.

일본 에도시대(1603–1867)의 유학자 가이바라 에키켄은 건강에 관한 책 《양생훈養生訓》을 썼습니다. 그는 이 책에서 "진귀한 것, 맛있는 것도 8, 9할에서 그만두는 편이 좋다"

라고 했습니다. 배의 80%를 채우는 정도로 조금 모자라게 식사하는 것이 몸에 더 좋다는 것이죠. 이것은 다양한 동물 실험에서도 증명되고 있습니다. 섭취 칼로리를 20%만 제한해도 체중과 혈압, 혈당치 등이 저하될 뿐 아니라 수명도 연장됩니다.

'조금 모자라게'라는 개념은 스트레스 발산법에도 도입할 수 있습니다. 술이나 음식, 운동, 취미 등 모든 것을 조금 모자라게 합니다. 자신에게 부담을 주지 않는 정도로 유지하는 것입니다. 이런 방법이라면 새로운 스트레스를 만들지 않고 스트레스를 발산할 수 있습니다.

무슨 일이든 '적당한 선'을 유지하자.

2장

비교하지

않는다

가상의 적과

싸우지 않는 법

무의미한
후회와 비교는 금물

어느 날, 제 후배가 주식 투자를 시작했다는 이야기를 들었습니다. 알고 지낸 지 20년이 되었지만 투자에 관심 있다는 이야기는 한 번도 들어본 적이 없었습니다. "초짜가 주식에 손을 대도 괜찮은 거야?" 직접 만난 자리에서 묻자, 후배는 웃으면서 이렇게 대답했습니다.

"주식을 시작했다고 해도 초보자 범위 안에서 하고 있으니 걱정하지 마세요. 하지만 주식은 역시 어렵네요. 사면 내려가고 팔면 올라가요. 그때 팔 걸 그랬다거나, 만약 그때 샀으면 어땠을까 하면서 매일같이 아쉬워하고 있어요."

재테크 붐이 크게 일면서 제 후배처럼 갑자기 주식 투자를 시작한 사람들이 많습니다. 그런 사람들은 후배처럼 '그때 이렇게 하면 좋았을 텐데'라며 후회한 적이 한 번 이상 있을 것입니다.

투자가 아니더라도 누구나 '만약 그때 이랬더라면', '그때 그걸 하지 않았다면'이라는 생각을 해봤을 것입니다. 그 중에는 매일, 아니 무슨 일이 있을 때마다 '그때 이렇게 했더라면'이라는 생각이 떠오르는 사람도 있겠지요. 그런 사고방식 때문에 마음이 병들어 갑니다.

애초에 '~라면'이라는 생각은 결과를 바꾸지 못합니다. 내일 주가가 오를지 떨어질지는 아무도 모르기 때문에 '만약 그때 사두었더라면'이나 '그때 팔았더라면'이라고 백번 생각해봐야 아무 의미가 없습니다.

끝난 일을 계속해서 끌어안아봐야 남는 것은 후회라는 이름의 스트레스뿐입니다. 실패의 원인이 무엇인지 제대로 돌아보고 확실히 학습했다면, 빨리 마무리하고 새로운 과제를 시작해야 합니다.

현대인의 스트레스가 증가하는 또 하나의 원인은 '비교'입니다. 풍요로운 생활을 즐기는 사람을 보면 나도 모르게 '이렇게 열심히 일하는데 왜 나는 보상받지 못할까?', '나는 패배자야'라는 부정적 감정이 생겨나기도 합니다. 하지만 이런 식으로 생각하고 비교하는 게 무슨 의미가 있을까요?

물질적 풍요와 행복지수는 그다지 관련이 없습니다. 일본의 47개 도도부현都道府県 가운데 평균 연봉이 가장 높은 곳은 도쿄도입니다. 하지만 도쿄도민의 행복지수는 밑에서 두 번째인 46위입니다. 참고로 행복지수가 가장 높은 곳은 오키나와현인데, 평균 연봉은 최하위인 47위입니다.

어떻습니까? 행복에 관해 다시 한 번 생각하게 되지 않습니까?

지금보다 더 스트레스를 받고 싶지 않다면, 남들과의 비교는 그만두고 현재 자신의 생활에서 행복을 찾는 게 중요합니다.

내려놓을수록 마음은 편해진다.

부족하다고 해서
굳이 채우려 하지 않는다

양이나 질, 평가 등이 흡족하지 않고 불충분하다고 느낄 때 흔히 '결핍감'이라 표현합니다. 예를 들어 '지금 쓰는 싸구려 지갑은 만족스럽지 않아. 나도 명품 지갑을 갖고 싶어'라고 생각할 수 있습니다. 이것이 물질적 결핍감입니다.

결핍감은 심리적으로도 나타납니다. '칭찬받고 싶다', '인정받고 싶다', '특별 대우를 받고 싶다' 등의 심리를 승인욕구라고 하죠. 이것이 충족되지 않으면 결핍감을 느낍니다.

더 좋은 것을 원하거나 인정받고 싶은 마음은 의욕의 원천이 되기도 하므로 모두 나쁜 것은 아닙니다. 하지만 지나치게 강해지면 여러 문제가 발생합니다. 한 연구 결과에 따르면, 결핍감이 지나치면 다음과 같은 영향이 나타난다고 합니다.

① 지능지수(IQ)가 14포인트 낮아질 가능성이 있다.
② 결핍에 대해서만 생각해서 문제해결 능력과 집중력, 의사결정 능력이 저하된다.
③ 평소라면 억제할 수 있는 충동에 넘어간다.

공부와 일, 일상생활에까지 지장이 생긴다고 하니, 어떻게든 만족감을 손에 넣고 싶어집니다. 그러나 물질적으로나 심리적으로 결핍감에 지배된 사람은 원하는 물건이나 평가를 손에 넣어도 만족하지 못합니다.

그들이 결핍감을 느끼는 이유는 '자기긍정감'이 낮다는 근본 원인 때문입니다. 자신에게 가치나 능력이 있다고 믿는 자기긍정감이 낮으면 '나는 남보다 열등하다'고 단정 짓고, 물건이나 사람들의 평가로 그것을 보완하려 합니다. 그럴수록 물건과 평가에 대한 욕망이 점점 커지고 수단과 방법을 가리지 않게 됩니다. 결국 '쇼핑 의존'이라는 전혀 다른 문제가 생겨버린 사람도 있습니다. 그럼에도 결핍감은 여전히 사라지지 않아서 '사고 싶은데 (돈이 부족해서) 살 수 없어', '이렇게 열심히 노력하는데 아무도 알아주지 않아'라는 스트레스만 남고 맙니다.

결핍감은 물건이나 평가로 채우는 것이 아니라 자기긍정감을 높여서 해소해야 합니다. 자기긍정감은 어떻게 높일 수 있을까요? 아주 쉬운 방법이 있습니다. 전철이나 버스에서 노인이나 몸이 불편한 사람, 임신부 등에게 자리를 양보하는 것입니다. 한 번이라도 자리를 양보해본 사람이라면 알겠지만, 이것은 상당히 기분 좋은 경험입니다. 이 감각은 '좋은 일을 했다', '나는 좋은 사람이다'라는 자기긍정감에서 비롯된 감정입니다.

자동차를 운전하는 사람이라면 끼어드는 차를 웃는 얼굴로 넣어줍시다. 이렇게 다른 사람에게 도움의 손길을 뻗음으로써 자기긍정감이 높아지고 당신을 괴롭히는 결핍감이 사라질 수 있습니다.

남에게 너그러워지면 내 마음도 여유로워진다.

무리해서 이상만 좇으면
'지금 이 순간'이 사라진다

제가 아는 사람 중에 승마가 취미인 여성이 있습니다. 얼마 전에 그 사람이 이런 말을 했습니다.

"지금 승마클럽을 10년 정도 다니고 있는데, 좀처럼 실력이 늘지 않아. 그런데 인터넷에 올라온 경기 영상을 보면 반해버릴 정도로 아름답고 빨라. 나와는 수준 차이가 너무 나서 자신감을 잃어버려. 그래서 의기소침해지면 승마클럽의 초보반 수업을 보러 가. 그러면 나도 제법 늘었다는 생각이 들어서 자신감을 되찾을 수 있거든."

이 이야기를 듣고 미안하게도 저는 이런 생각을 했습니

다. '사회적 비교이론의 본보기 같은 예다. 심리학 교과서에 싣고 싶을 정도야.'

'사회적 비교이론'이란 주변 사람과 자신을 비교해서 자신의 위치(능력)나 평가를 확립하는 것입니다.

제 지인은 높은 실력의 선수와 자신을 비교한 뒤 '자신감을 잃었다'고 했습니다. 이렇게 자신보다 확연히 높은 수준의 사람과 비교하는 일을 '상향비교'라 합니다. 또 초보자와 자신을 비교해서 실력이 늘었다고 느낀 것처럼, 나보다 수준이 낮은 사람과 비교하는 것을 '하향비교'라 합니다.

일반적으로 상향비교를 많이 하는 사람은 스스로 자신 있는 경우가 많고, '내 위치나 평가를 더 높이고 싶다', '저 사람처럼 되고 싶다'고 생각합니다. 이른바 향상심이 강한 사람에게서 흔히 볼 수 있는 유형입니다. 이들은 훌륭한 성과를 거두거나 출세할 가능성이 높다고 알려져 있습니다.

그에 비해 하향비교를 많이 하는 사람은 스스로에게 자신이 없고 콤플렉스를 가지고 있습니다. 그래서 그런 기분을 털어버리고 우월감이나 안도감을 얻으려 합니다. 이런 이야기를 들으면 '향상심이 부족한 사람이 취하는 바람직하지 않은 행동'이라고 생각할 수도 있지만, 자신감을 잃었을 때 안정을 찾고 의욕을 회복하는 효과는 분명히 있죠.

하지만 그렇게 얻은 우월감은 제한된 범위에서만 통할 뿐입니다. 하향비교만 해서는 진짜 실력은 전혀 늘지 않습니다. 오히려 시야를 넓히는 순간 현실과 직면하기 때문에, 전보다 더 큰 자신감의 상실을 느끼고 강한 스트레스를 받게 됩니다.

자신의 위치나 평가를 높이기 위해서는 상향비교가 중요합니다. 상향비교를 하면 자연스럽게 자신감도 올라갑니다. 그런데 이것도 지나치면 부작용이 생깁니다. 세계 랭킹 선수의 경기를 보고 '자신감을 잃었다'고 한 것처럼 말입니다. 극단적인 상향비교를 하면 제 지인처럼 자신감을 잃거나, 강한 스트레스의 원인인 불안이라는 나쁜 감정이 생깁니다. 위를 바라보는 것도 '적당'할 필요가 있습니다.

'내가 가지고 있는 것'에 좀 더 집중하자.

열등감이 심할수록
남을 쉽게 깔본다

제 지인은 세계 랭킹 선수의 경기를 보고 자신감을 잃었습니다. 누구나 알다시피 '나는 부족하다'는 생각에서 비롯된 심리가 열등감입니다.

세계 랭킹 선수와 비교하면 당연히 부족하게 느끼기 마련입니다. 다행히 그 감정이 깊지는 않아서 초보자 수업을 본 것만으로 바로 열등감을 해소할 수 있었습니다.

반면 뿌리 깊은 열등감도 존재합니다. 바로 나만 무리에 속하지 못한다는 의식에서 비롯된 열등감입니다. 예를 들어 어울리는 동기들이 명품 가방을 가지고 있는데 혼자만 없다고 가정해봅시다. 이 상황에 놓이면 곧바로 '나만 무리에 속하지 못한다'는 열등감에 빠지는 사람이 있습니다.

이런 열등감은 주변의 가까운 사람과 비교한 결과로 생긴 감정이기 때문에 대단히 뿌리가 깊습니다. 그리고 뿌리 깊은 열등감이 병이 되면 '남의 흠이나 결점을 찾아내서 끈질기게 공격한다'거나 '남을 쉽게 바보 취급하거나 함부로 깔본다'는 식의 문제적 태도로 이어지기도 합니다.

그 이유는 열등감 때문에 생기는 강한 스트레스를 다른 쾌감(이 경우에는 우월감)으로 해소하려 하기 때문입니다. 지그문트 프로이트의 딸이자 정신과 전문의인 안나 프로이트Anna Freud는 이러한 방어기제에 '보상'이라는 이름을 붙였습니다. 이런 태도의 사람이라면 친구 관계는 물론이고 일과 가족 관계도 원만하지 않을 가능성이 높습니다. 이런 상태가 되기 전에 열등감을 줄여야 하겠죠.

다행히 뿌리 깊은 열등감이라도 해결법은 의외로 간단합니다. 열등감이란 객관적 사고가 아니라 대부분 그 사람의 '선입견'에서 비롯된 감정이기 때문입니다.

앞에서 예로 든 열등감은 '동기들은 모두 명품 가방이 있는데, 나는 그럴 능력이 없다'는 선입견에서 생겼습니다. 하지만 명품을 구매하는 바람에 생활비를 줄이며 고생하는 사람도 있을 수 있습니다. 그런 사람은 평탄한 생활을 유지하는 당신이 부럽지 않을까요? 이런 숨겨진 사실을 파악하지 못하면 혼자서 열등감에 시달리게 됩니다.

만약 열등감이 느껴진다면 먼저 '모든 일에는 보이는 부분과 보이지 않는 부분이 있다'고 생각해보세요. 거듭 말씀드리지만, 열등감이라는 것은 자신의 선입견일 뿐입니다. 내 상황에 맞춰서 생각하다 보면 사라져버립니다.

그다음으로는 '남과 비교하지 않기'에 익숙해집시다. 비교해도 달라지는 건 하나도 없습니다. 의미 없는 일은 하지 않는 것이 제일입니다.

마지막으로 언어 사용에 주의해야 합니다. 열등감이 강한 사람은 '어차피', '나 같은 거' 같은 부정적 표현을 많이 사용합니다. 말은 사람의 마음이나 미래에 큰 영향을 미칩니다. 부정적 표현은 되도록 사용하지 마세요.

비교할수록 남이 누리고 있는 것만 눈에 들어온다.

조바심 내며
살고 싶지 않다면

이번에도 계속해서 열등감에 관한 이야기입니다. 만약 후배가 명품 가방을 샀는데 당신은 없다면, 그때 생겨난 열등 감이라는 반응은 '질투'였을지도 모릅니다. 시기나 질투라는 감정은 '나보다 아래'라고 생각했던 사람에게서 유독 느끼기 쉬운 감정입니다.

　미국의 심리학자 레너드 셴골드Leonard Shengold는 질투에는 양성과 악성이 존재하고, 양성 질투는 의욕과 적극적 행동의 원천이 된다고 주장합니다. 확실히 양성 질투는 강력한 의욕을 유발합니다. 하지만 근본은 질투라는 부정적 감정이라서, 설령 의욕이 생기거나 적극성을 띠게 되더라도 정도를 지나치면 주위에 민폐를 끼치거나 적을 만들기 쉽습니다.

반면에 악성 질투는 공격이나 소극적 행동을 낳습니다. 때로는 대단히 강력한 감정으로 변해 마음을 거세게 뒤흔들고 심한 스트레스를 주기도 합니다. 그렇게 되면 '후배는 낭비하지 않고 열심히 돈을 모았기 때문에 명품 가방을 살 수 있었다'라는 객관적 사실을 인정할 여유가 사라지고 질투만 계속 자라납니다.

질투라는 감정은 누구에게나 있습니다. 동물도 질투를 느낍니다. 완전히 없애버리기는 어렵지만, 너무 커지지 않도록 다스릴 필요는 있습니다.

질투에 사로잡히지 않으려면 먼저 후배나 연하라는 '수직적 관계'를 잊어버려야 합니다. 알프레드 아들러Alfred Adler의 개인심리학에서는 '모든 인간은 대등한 관계여야 한다'고 가르칩니다. 시기나 질투라는 감정은 '나보다 아래'라고 생각하는 사람에게 생깁니다. 이 말을 뒤집어보면, 그와의 관계를 수직이 아닌 수평적 관계라고 인식하면 질투를 느끼지 않게 된다는 뜻입니다. 그러니 후배에게서 자신보다 나은 점을 발견하면 질투하지 말고 존중해줍시다.

'그렇게 행동하면 무시당한다'라거나 '체면이 깎인다'고 생각하는 사람도 있을 것입니다. 바로 그런 사고방식 자체가 상하 관계에 얽매여 있다는 증거입니다. 선배라고 생색내며 거들먹거리는 사람보다 정직하게 자신의 약점을 밝히는 사람이 어디서든 환영받지 않습니까?

예를 들어 당신이 후배에게 이렇게 말했다고 해봅시다. "너는 테니스도 골프도 잘 치고 운동은 다 잘하는구나. 나는 영 젬병인데." 후배는 운동에 자신이 없다는 선배의 약점을 듣고 본인을 칭찬해줬다고 느끼면서 '이 선배 괜찮은 사람 같아'라는 생각이 들 것입니다.

이처럼 후배를 인정하고 존중하면 열등감이라는 마음속의 응어리를 해소할 수 있고 인간관계도 좋아집니다.

경쟁하기보다 협조하면 모든 일이 잘 풀린다.

자존심이 강할수록
남의 눈치를 본다

흔히 질투라고 하면 대개 남녀 간의 질투를 떠올리곤 합니다. 그런데 요즘에는 직장과 학교 등에서의 질투가 더 문제가 되고 주목받는 것 같습니다.

자신의 재능과 능력이 어떻게 평가되고 있는지, 회사에서는 더 신경이 쓰이겠지요. 어째서 같은 부서 안에서 저 사람만 팀장님과 웃으며 이야기할 수 있는지, 비중 있는 업무를 부탁받는지 말입니다.

예를 하나 들어보겠습니다. 어느 회사에서 신규 사업을 위한 프로젝트팀을 결성하기로 했습니다. 곧 각 부서에서 인재를 소집할 예정입니다. 누가 뽑힐지 소문이 난무하는 가운데, 부서에서 우수하다는 평가를 받는 A는 내심 자신이 뽑히리라 자신했습니다. 그런데 발탁된 사람은 동기 B였습니다. 그 뒤로 B를 대하는 A의 태도가 변했고, 두 사람의 관계는 어색해지고 말았습니다. A가 자존심에 큰 상처를 입고 강한 질투의 감정을 품었던 겁니다.

이렇게 자존심이 크게 다쳤을 때 질투가 시작됩니다. 자존심이 강한 사람일수록 쉽게 질투합니다. 심리학자 알프레드 아들러는 '질투는 지극히 유해하고 위험한 감정이다'라고 지적했습니다.

여기서 한 가지 기억해야 할 점이 있습니다. 자존심 강한 사람이 곧 자신만만한 사람은 아니라는 것입니다. 오히려 자존심 강한 사람일수록 스스로 자신이 없고 불안해합니다. 연인이나 배우자가 다른 이성과 함께 있으면 몹시 불안해하는 사람일수록 질투에 사로잡히기 쉽습니다.

그리고 자존심이 강한 사람은 주변 사람들의 평가를 지나치게 신경 쓰는 경향이 있습니다. '나는 특별하다'고 믿고 싶지만 사실 자신 없고 불안하기 때문에 자신의 믿음을 뒷받침할 주변의 평가가 필요합니다. 그래서 주변 사람들의 평가를 갈구하는 경우가 많습니다.

자존심이 강한 사람은 자랑도 자주 하죠. 모두에게 인정받고 싶기 때문입니다. 이것도 자신이 없어서 스스로를 보호하기 위한 반응입니다.

그러나 이런 행동은 자기 본심에서 자연스레 우러난 것이 아니기 때문에 커다란 스트레스가 됩니다. 자존심을 지키는 것은 좋은 일이지만, 지나치게 높다면 고민해봐야 합니다. 지나친 자존심을 수정하는 방법에는 다음과 같은 것들이 있습니다.

① 과거의 잘못을 솔직하게 인정한다.
② 남과 비교하거나 강한 척하는 것을 그만둔다.
③ '고마워'라고 솔직하게 말할 수 있도록 노력한다.
④ 자랑하지 않는다.

어떻습니까? 그렇게 어깨에 힘주지 말고 자존심이라는 갑옷을 벗어버리면 마음이 더 편안해집니다.

자존심만 내세워서는 자기긍정감을 얻을 수 없다.

단점의 또 다른 얼굴은
장점

저는 야마나시현 출신입니다. 하지만 현재 제가 운영하는 클리닉은 도쿄에 있고, 이전에 몸담았던 세이루카 국제병원 역시 도쿄에 있습니다. 교원으로 오래 일했던 대학까지 포함해 생각해보면 야마나시현에서 살았던 기간이 훨씬 짧습니다.

하지만 대하드라마에 가이(야마나시현 지역의 옛 이름) 지방의 장수 다케다 신겐이 등장하면 저도 모르게 집중하게 되는 것은 역시 고향이어서일까요?

신겐은 뛰어난 무장武將이자 인재 활용에 능한 리더였습

니다. 그가 남긴 "사람은 성城이자 성벽이며 해자다. 인정은 아군이요, 원수는 적이다"라는 말에서도 알 수 있습니다.

　그는 사람을 판단할 때 일곱 가지 주의점을 남겼습니다. 그 내용이 제법 흥미롭습니다.

　① 방심한 사람을 침착한 사람으로 착각하지 말라.

　② 경솔한 사람을 재빠른 사람으로 착각하지 말라.

　③ 굼뜬 사람을 중후한 사람으로 착각하지 말라.

　④ 쉽게 속단하는 사람을 명민한 사람으로 착각하지 말라.

　⑤ 무지한 사람은 항상 말을 모호하게 하는 경향이 있다. 그것을 신중한 사람으로 착각하지 말라.

　⑥ 경솔하게 말하는 사람은 유효한 의견을 내놓지 못한다. 능력 있는 사람으로 착각하지 말라.

　⑦ 자신의 신조가 없는 사람은 의외로 고집이 세지만, 이것은 신념이 강한 사람과는 다르다.

　하나같이 정곡을 찌르는 말입니다. 이 지침을 한번 뒤집어서 생각해보면 어떨까요. 스트레스에 취약하거나 쉽게 우울해지는 편이라면 신겐의 지침을 참조해 자신의 단점을 장점으로 바꿔 생각해보길 추천합니다. 이를테면 다음과 같이 부정적인 부분을 긍정적인 측면에서 바라보는 것입니다.

◎ 소심하다 → 신중하다
◎ 성급하다 → 결단력 있고 실행이 빠르다
◎ 끈기가 부족하다 → 기분 전환이 능숙하다
◎ 하는 일마다 느리다 → 신중하게 생각하고 행동한다
◎ 소극적이다 → 침착하다
◎ 비뚤어졌다 → 남과 다르게 생각한다
◎ 차갑다 → 냉정하고 흐트러짐이 없다

이렇게 단점을 장점으로 받아들이는 습관을 들여보세요. 그러면 자기 행동이나 성격을 긍정적으로 평가할 수 있고, 자연스럽게 자신감도 넘치게 됩니다.

모두와 같아지려니까 힘든 것이다.

의견은 너무 많이
듣지 말라

히말라야산맥 기슭에 부탄이라는 작은 나라가 있습니다. 1976년 부탄의 국왕 지그메 싱기에 왕추크는 이렇게 말했습니다. "중요한 것은 국민총생산(GNP)이 아니라 국민총행복(GNH)이다." 이 사고방식은 전 세계에 영향을 주어 UN에서도 '세계행복지수'를 발표하기 시작했습니다.

그런데 부탄의 세계행복지수는 그리 높지 않습니다. 2015년 조사에서는 79위, 2016년에는 84위, 그리고 2019년에 95위를 기록한 이후로는 순위권 밖으로 밀려났습니다.

'뭐야? 말뿐이었잖아'라는 생각이 들죠. 하지만 이는 부탄이 생각하는 행복과 UN이 생각하는 행복이 전혀 다른 탓입니다.

부탄에서는 '축제의 의미를 알고 있는가?'라거나 '이웃을 신용하는가?'처럼 정신적 측면을 중시해서 행복도를 조사합니다. 반면 UN이 중요하게 생각하는 것은 'GDP'나 '건강수명', '인생 선택에서의 자유도'처럼 매우 현대적인 항목입니다. 이러니 UN의 잣대로는 부탄의 행복도가 형편없을 수밖에요.

개인이 느끼는 행복감에도 같은 관점을 적용할 수 있습니다. 많은 사람이 '돈이 있어야 행복하다'라거나 '결혼해서 집을 사고 아이가 생기면 행복하다'라는 기준에 자신을 맞추려 합니다. 그래서 '돈이 없어 불행하다', '결혼을 못 해서 불행하다'라는 결론을 내리기 쉽습니다.

애초에 행복의 기준은 백인백색입니다. 제가 아는 디자이너는 자동차를 무척 좋아합니다. 그런데 코로나19 사태로 드라이브를 나가기가 힘들어지자 이렇게 말했습니다. "드라이브를 거의 못 해서 작년에는 2,000킬로미터밖에 못 달렸어."

"그럼 심심했겠네?" 제가 물었습니다. 그러자 그는 웃으

면서 대답했습니다. "무슨 소리야! 내 차가 차고에 있는 것
만으로도 행복하지! 못 달려도 괜찮아."

저라면 달리지도 못하는 차를 차고에 둔다고 행복하지
는 않을 것 같습니다. 하지만 그에게는 큰 행복이었습니다.

'남들은 이해하지 못할 수도 있지만, 나는 ○○이 있어서
행복하다'라고 생각하는 무언가가 당신에게도 있습니까?
"행복한 일은 하나도 없어"라고 말하는 사람도 있겠지요.
하지만 나이가 들면 아침에 눈 뜨는 것도 행복하게 느껴집
니다. 행복은 주변에 반드시 존재합니다. 아무리 사소한 것
이라도 좋습니다. 하나하나 찾아서 세어보세요.

긍정적인 시선으로 '삶의 핵심'을 생각하면 몸과 마음에
좋은 영향을 줍니다. 처음에는 작은 행복밖에 발견하지 못
해도, 계속 세다 보면 큰 행복을 깨닫게 될 것입니다.

모두가 자신만의 행복을 가지고 있다.

오늘도 아침을 맞이한다는
고마움

제가 아는 어느 사업가는 나이가 많은 편도 아닌데 옛날식으로 수첩에 손글씨로 일정을 적습니다. 한 번은 제가 물어보았죠.

"스마트폰에 기록하는 게 편하지 않아?" 그러자 매우 흥미로운 대답이 돌아왔습니다.

"잠자리에 들기 전, 깜빡한 일이 없는지 확인하려고 그날의 일정을 하나하나 펜으로 지우는 게 일과입니다. 확실히 이 정도는 스마트폰으로도 할 수 있어요. 그런데 저는 페이지 여백에 항상 '오늘도 좋은 하루였다'라고 메모하거든요. 그러면 신기하게도, 일하다 기분 나쁜 일이 있었어도 왠지 아주 좋은 하루였던 것처럼 느껴져요. 이것만은 스마트폰으로 할 수 없어서 아날로그 수첩을 계속 사용하고 있어요."

이것은 일종의 자기암시입니다. 잠자리에 들기 전은 몸과 마음에 매우 중요한 시간입니다. '오늘도 좋은 하루였다'라고 믿으면 마음은 확실히 평온해지고 스트레스 없이 푹 잘 수 있습니다. 그러면 다음 날도 스트레스에 강한 마음으로 일할 수 있습니다.

하지만 이제는 아날로그 수첩을 사용하는 사람이 별로 없습니다. 일기 쓰기도 꾸준히 하기는 어렵습니다. 그래서 여기에 '오늘도 좋은 하루였다'라고 생각할 수 있는 다섯 가지 방법을 소개하겠습니다.

① 감사한 마음으로 일어나기

어느 정도 나이가 들면 아침에 '아, 오늘도 눈을 뜰 수 있었다(죽지는 않았다)'라고 생각하기 마련입니다. 눈을 뜨고 일어나는 일의 위대함을 깨달으면 멋진 하루를 보낼 수 있습니다.

② 적극적으로 외출하기

영국 서식스대학교의 조지 맥케런George MacKerron 박사는 장소에 따라 행복도가 달라지는지 조사했습니다. 결과는 다음과 같았습니다. '야외에서 활동하면 행복도가 높아진다. 그중에서도 바다나 해안에서 지내는 사람이 행복도가 높았다. 그 뒤로는 산과 습원, 삼림, 농장 순이다.' 다만 이런 장소는 생활하기 어렵다는 문제가 있죠. 그런데 다행히 야외에서 20분만 있어도 행복도가 높아진다고 합니다.

③ 가벼운 운동하기

미국에서는 '7분의 운동'만으로 행복도가 높아졌다는 연구 결과가 나와 인기를 끌고 있습니다. 7분 운동은 약을 먹는 것보다 우울증 예방률이 더 높다고 합니다.

④ 출퇴근 시간 단축하기

하버드대학교의 심리학자 대니얼 길버트Daniel Gilbert는 이렇게 말합니다. "출퇴근 시간이 길어질수록 행복도는 낮아지고, 그 상황에 절대 익숙해지지 않는다." 되도록 직장 근처에 사는 것이 '오늘도 좋은 하루'라고 생각할 수 있는 한 가지 비결입니다.

⑤ 충분한 수면 취하기

수면이 부족한 사람은 즐거운 추억보다 어두운 추억을 더 많이 떠올린다는 연구 결과가 있습니다. 잠이 부족하면 오늘도 좋은 하루였다고 생각할 수가 없습니다.

나는 이미 충분하다는 것을 빨리 깨닫자.

3장

휘둘리지

않는다

안전거리를 유지하는

인간관계의 기술

인맥은 넓을수록 좋다는
착각

《오싱》이라는 장편소설이 있습니다. 가난한 농가에서 태어나 일곱 살에 식모살이를 시작한 오싱이 2차 세계대전을 거치고 갖은 시련을 이겨내는 스토리입니다. NHK 드라마로도 제작돼 일본 드라마 사상 최고 시청률인 62.9%를 기록했습니다.

매화 고생담이 이어져 편하게 보기 어려운 드라마인데, 어째서 《오싱》은 이렇게 높은 시청률을 기록했을까요? 그것은 일본인들이 힘든 일에도 과감히 맞서고, 계속 참고 견디면서도 약한 소리를 하지 않는 사람을 훌륭하게 여기는 경향이 있기 때문입니다.

물론 귀찮거나 힘든 일을 피하고 편한 길만 선택하는 삶의 방식으로는 성공하기 어렵습니다. 인간이 성장하려면 어느 정도의 시련과 고생을 피할 수 없습니다. 하지만 그것도 한도가 있습니다. 자기 자신에게 필요 이상의 시련과 인내를 강요하면 그것은 모두 스트레스가 되고, 결국 마음이 병들어 나답게 살아갈 자신감마저 잃어버릴 수 있습니다.

대표적인 경우가 바로 인간관계입니다. 혹시 직장이나 이웃, 친구와의 관계에서 무리하고 있지 않습니까? 마음속으로는 '이 사람과는 어울리고 싶지 않아' 또는 '이 사람과는 맞지 않아'라고 생각하면서도, 실제로는 어떻게든 맞추려고 무리하거나 '저 사람에게는 신세를 지고 있으니 맞지 않다는 생각은 이기적이야'라고 자책하는 사람이 많습니다.

사람은 혼자서 살아갈 수 없습니다. 다양한 사람들과 함께 서로 의지하며 살아가야 합니다. 하지만 스트레스를 받을 정도로 무리해서 어울릴 필요는 없습니다. 도저히 맞지 않는다면 어울리지 않는 편이 차라리 나을 수도 있습니다.

'맞는지 아닌지 따지는 것은 이기적이다'라는 사고방식도 잘못되었습니다. 사회라는 곳은 다른 환경에서 자라온 사람들의 집합체입니다. 자란 환경이 다르면 당연히 생각과 감정을 드러내는 방식에도 차이가 있습니다. 다른 환경에서 자란 사람과 잘 맞는 쪽이 오히려 신기한 일입니다.

자신에게 책임이 있다는 사고방식이 너무 강해지면 자기긍정감이 떨어지고, 심지어 '나는 안 되는 인간이다'라는 생각에 빠져버립니다. 이런 사고방식이 곧 스트레스가 되는 것은 말할 필요도 없습니다.

'애초에 인간관계는 어려운 법이다. 잘 풀리지 않는다고 무리해서 상대에게 맞출 필요는 없다'라는 말을 머릿속에 되새기면 인간관계 스트레스는 상당히 줄어들 것입니다.

무리해서 주위에 맞추면 내 마음에 피해가 간다.

모든 인간관계는
'적당한 거리감'으로
해결된다

UN의 세계행복지수에서 일본의 행복도는 146개국 가운데 54위라고 합니다(2022년 기준). 일본인의 행복도는 왜 이렇게 낮을까요? '행복감과 자기결정'이라는 연구에 따르면, 행복도는 소득이나 학력보다 자기결정의 영향이 크다고 합니다. 스스로 결정하는 사람일수록 행복도가 높다는 이야기입니다. 그러나 일본 사회는 동조 압력이 강하기 때문에 자기결정력을 유지하기가 매우 어렵습니다. 이런 점이 낮은 행복도로 이어지고 있다고 생각합니다.

　참고로 '동조 압력'이란 자기 의견이 있음에도 집단의 의견에 동조하는 심리를 말합니다. 이것은 매우 강력해서, 분명히 세 줄의 직선 길이가 다른데도 주위에서 길이가 같다고 주장하면 대부분의 사람이 그에 동조한다고 합니다.

하지만 강한 의지로 자기결정을 내리면 '내가 결정했으니까'라는 심리가 작용합니다. 그만큼 목표를 향해 노력하게 되고, 결과에도 책임감과 자부심을 느낍니다. 그렇게 성취감과 자기긍정감이 높아지고, 행복도 역시 상승합니다.

즉 행복감을 느끼고 싶다면 자기결정력을 높이는 것이 지름길입니다. 그러기 위해서는 먼저 주변의 반응을 신경 쓰며 살아가는 태도를 버려야 합니다.

대체로 동조 압력이 발생하는 이유는 주위의 반응을 지나치게 살피기 때문입니다. 세 줄의 직선 실험에서도 주위 사람들의 반응을 살피다가 어이없는 대답을 선택했을 가능성이 큽니다. 나의 견해와 기분에 정직해지는 습관을 들이지 않으면 행복감을 얻을 수 없습니다.

동시에 주위와의 심리적 거리를 적정하게 유지하는 것도 중요합니다.

자동차를 운전할 때는 적정한 차간 거리를 유지해야 합니다. 앞차와의 간격이 너무 벌어지면 갑자기 다른 차가 끼어들거나 도로정체를 유발하고, 반대로 너무 가까우면 앞차가 브레이크를 밟았을 때 추돌 사고가 일어날 수 있습니다. 운전을 잘하는 사람은 적정한 차간 거리를 유지하며 안전운전을 합니다.

인간관계에도 이와 유사한 심리적 거리감이 존재합니다. 이 거리를 적정하게 유지하느냐에 따라 인간관계의 성공 여부가 달라집니다. 이웃이나 회사 동료처럼 가까운 사람과도 심리적인 거리를 유지하면서 어울리면 동조 압력의 영향이 현저히 줄어듭니다. 이는 자기결정력 향상으로 이어집니다. 반대로 관계의 거리가 극단적으로 짧은 사람은 동조 압력에도 취약합니다.

적절한 심리적 거리를 유지하는 좋은 방법이 있습니다. 누군가 동의를 구하면 '정말 그럴까?', '어째서일까?', '왜 그럴까?' 하며 되묻는 것입니다. 명확한 부정이 아니므로 상대방의 기분을 거스르지 않으면서도 '나는 그렇게 생각하지 않아'라는 뉘앙스를 부드럽게 전달할 수 있습니다.

누군가를 실망시킬 용기를 가지자.

89

타인의 기분까지
책임질 필요는 없다

오늘은 당신이 일주일 만에 애인을 만나는 날입니다. 당연히 아침부터, 아니 며칠 전부터 이날을 기다려 왔습니다. 당신은 일을 마치고 서둘러 약속 장소에 갔습니다. 그런데 상대방이 기분이 언짢은 표정으로 서 있는 게 아니겠습니까! 어떻게든 기분을 풀어주려고 노력해도, 무슨 말을 해도 효과가 없습니다. 그러는 동안 당신의 기분까지 덩달아 나빠집니다.

이렇게 심기가 불편한 연인이나 친구, 가족과 함께 있다 보면 내 기분까지 나빠지는 경우가 있습니다. 이것은 '정동

적 공감情動的共感'이라는 마음의 작용입니다.

우리가 공감을 느끼는 것은 거울 뉴런이라는 뇌세포가 주변의 다른 사람에게 영향을 받아 반응(발화)하기 때문입니다. 공감은 다른 사람의 기분을 이해하거나 인간관계를 구축하는 데 중요한 심리적 작용입니다. 그러나 앞의 데이트 이야기에 등장하는 '언짢은 심기'나 '스트레스'에는 가능하면 공감하고 싶지 않을 것입니다. 이를 피하기 위해서는 다른 사람의 기분까지 책임질 필요는 없다는 점을 이해해야 합니다.

당신이 무심코 화를 내서 친구와 다퉜다고 가정해봅시다. 원인은 당신의 '분노'라는 감정이었기 때문에 당신은 말다툼에 책임을 져야 합니다. 당연히 친구에게 사과해야죠. 그러나 연인이나 친구, 가족의 기분은 내가 통제할 수 있는 대상이 아닙니다. 심리학자 알프레드 아들러도 "다른 사람의 기분을 강제할 수는 없다"라고 했습니다. 이렇게 스스로 통제할 수 없는 것까지 책임질 필요는 없습니다.

구체적으로 말해볼까요. 다른 사람의 나쁜 감정이나 스트레스에 더 이상 영향받지 않으려면 그 사람과 거리를 두어야 합니다. 냉정하게 들릴지 모르지만, 당신의 거울 뉴런은 주변 사람들의 영향을 받기 때문에 멀리하는 수밖에 없습니다.

연인이 심기가 불편해 보이면 나도 모르게 "기분 풀어"라고 말하기 쉽습니다. 하지만 이것은 통제할 수 없는 타인의 감정을 조작하려는 표현이기 때문에 오히려 충돌만 낳을 수 있습니다. 이럴 때는 "기분이 좋아지면 연락해"라고 말하고 일단 자리를 파하는 게 상책입니다. 이렇게 하면 연인도 '내 기분이 언짢아서 그런가?'라고 상황을 이해할 수 있습니다.

'그때는 미안했어', '불편하게 해서 미안해'와 같은 연락이 오면, 그때 본격적으로 '무슨 일이 있었어?', '이야기 상대가 필요해?' 하며 대응하면 됩니다. 이렇게 상대방의 부정적 감정이 진정되고 나서 공감을 나타내면 매정하다는 인상도 주지 않고, 불필요한 부정적 감정이나 스트레스를 떠안지 않아도 됩니다.

마음에 구름이 끼어 있을 때는
걷히기를 기다리는 수밖에 없다.

저주의 말은
흘려듣는다

'지금 하려고 했는데…'

　입 밖에는 내지 않았지만, 마음속으로 이렇게 중얼거린 경험은 없으십니까?

　모든 일에는 절차가 있습니다. 업무에서도 급한 안건은 최우선으로 처리합니다. 마무리까지 시간이 걸릴 것 같으면 금방 처리할 수 있는 일을 먼저 끝내버리는 등 저마다의 방법이 있을 것입니다.

　그런데 그런 계획이 방해받는 경우가 적지 않습니다. 일을 하나 끝내고 이제 다음 일을 시작하려는 순간, "이봐, 그거 어떻게 되고 있어?"라고 상사가 말을 걸어옵니다. '그거' 가 뭔지 당연히 알 거라는 태도로 말이죠. 사무실에서 흔히 볼 수 있는 유형입니다. 이런 사람은 으레 "넌 안 되겠구나" 라든가 "지금까지 뭘 배운 거야?"라는 말로 상대방을 깎아 내리곤 합니다. 상황에 따라서는 갑질이나 직장 내 괴롭힘 에 해당합니다. 아마 본인이 신입이었을 때의 기억 따위는 까맣게 잊어버렸을 겁니다. 자꾸 이런 말을 들으면 상사는 물론이고 일 자체가 싫어질지도 모릅니다.

그런데 문제는 이제부터입니다. 갑질 상사와는 정반대 로 "힘내"라든가 "기대하고 있어"라고 격려의 말을 건네는 상사도 있습니다. 무서운 말이 아니라 칭찬으로 직원을 성 장시키려는 유형입니다.

깎아내리는 상사와 힘내라는 상사, 누가 더 고역이라 생 각하십니까? 당연히 전자라고요? 아뇨, 의외로 이 문제는 간단하지 않습니다. 회사뿐 아니라 학교와 가정에서도 어 느 쪽이 바람직한지 자주 논의되는 주제입니다.

현대인은 사실 누구나 힘내서 일과 공부를 하고 있습니 다. 그런데 힘내라는 소리를 들으면 '여기서 더 어떻게 힘 내라고?'라며 떨떠름해질 수도 있습니다. 섬세한 사람이라면 좌절할지도 모릅니다. 다시 말해 이미 노력하고 있는 사람이나 지금부터 일을 시작하려는 사람에게는 '힘내'라는 말이 자칫 의욕을 꺾는 발언이 될 수도 있습니다.

물론 그런 말을 흘려듣는 사람에게는 문제가 되지 않습니다. 하지만 성실한 사람일수록 '더 열심히 해야 해'라거나 '서둘러야 해'라고 받아들이기 쉽습니다. 결국 자신의 페이스를 잃거나 집중력이 떨어집니다. 기대에 부응하기 위해서 무리하다가 스트레스가 심해져 건강이 상할 수도 있습니다.

이렇게 보면 상사의 격려는 '저주의 말'이라고 불러도 되겠지요. 다시 말해 듣는 사람에게 문제를 일으킬 수도 있는 말입니다. 결과만 보면 "너는 안 되겠구나"라는 말을 듣는 것과 다를 바 없습니다.

이럴 때는 새겨들어야 할 부분만 취하고, 그렇지 않은 부분은 '흘려듣기'를 추천합니다. 말하는 사람은 보통 이쪽의 상황이나 기분까지 깊이 이해하고 있지는 않습니다. 그러니까 모든 것을 진지하게 받아들일 필요는 없습니다.

게다가 이런 말을 하는 상사일수록 '갑의 시선'이라는 것을 눈치채지 못하셨습니까? 말하는 본인은 악의 없이 좋은 마음으로 건넨 격려의 말일 수 있습니다. 하지만 주고받는 사이에 상하 관계가 존재한다면 듣는 사람은 부담을 느낄 수밖에 없습니다.

상대의 말이 '저주의 말'로 느껴진다면, "네"라고 대답하더라도 그냥 흘려버리고 자신의 페이스를 유지합시다.

모두의 기대에 부응할 수는 없다.

소문 좋아하는 사람은
멀리한다

전화나 우편, 메일 등을 통해 상대를 속여서 현금이나 현금 인출카드를 사취하는 범죄를 '특수 사기'라고 부릅니다. 아무리 조심한다 해도 수법이 워낙 정교해서 여전히 피해 건수가 많고 금액도 큽니다.

특수 사기 가운데 '비상장 주식 사기'라는 게 있습니다. '특별히 알려드리는 거예요', '곧 상장될 주식을 미리 살 수 있어요', '발행 회사와 연줄이 닿아서 입수했어요'라는 식으로 비상장 주식 매입을 권유하고 매입 대금을 입금시켜서 현금을 가로채는 수법입니다.

이것은 '남이 모르는 정보를 먼저 알면 돈벌이가 된다'라는 인간의 욕심을 악용한 수법입니다. '아무도 모르는 정보'라는 말을 들으면 우선 의심하고 더 이상 관여하지 않는게 상책입니다.

소문도 이와 마찬가지입니다. 차이가 있다면 소문 좋아하는 사람이 손에 넣으려는 것은 돈이 아니라 관심이라는 것뿐입니다. 아무도 모르는 이야기를 알고 있으면 모두에게 관심을 받을 수 있으니까요. 하지만 일반인들이 그런 이야깃거리를 입수할 기회는 많지 않습니다. 그래서 지어낸 이야기로 헛소문을 만드는 경우도 많습니다.

그러니 친구나 동료, 이웃 사람이 소문을 말하기 시작하면 일절 귀담아듣지 말고 빨리 자리를 피하는 게 상책입니다. 어쩔 수 없이 끝까지 듣게 되어도 절대로 입 밖에 내서는 안 됩니다. 그렇지 않으면 당신도 소문을 퍼뜨린 '일당'이 되어 신뢰와 신용을 잃어버립니다. 다른 사람에게서 같은 소문을 듣더라도 처음 듣는 듯한 태도를 보이세요.

다만 아무리 조심해도 "얼핏 들었는데", "어디서 들었는데"라는 말로 시작하는 소문에는 자신도 모르게 속아 넘어가기도 합니다. 이런 말에는 '내가 소문을 퍼뜨리는 것이 아니다'라는 뉘앙스가 담겨 있기 때문입니다.

언론계에는 '전해 들은 이야기를 기사화해서는 안 된다'라는 철칙이 있습니다. 간접적으로 전해 들은 이야기는 신빙성이 떨어지며, 당사자에게 직접 듣지 않으면 신용할 수 없기 때문입니다. "얼핏 들었는데"나 "어디서 들었는데"도 역시 전해 들은 이야기입니다. 이런 말로 시작한다면 신빙성이 떨어지는 이야기라고 생각하면 됩니다.

또 하나 주의할 점은 소문을 퍼뜨리는 사람들은 강하게 결속된 경우가 많다는 사실입니다. 실제로 적당한 욕설과 소문에는 사람들의 감정을 강하게 끌어당기는 효과가 있습니다. '마이너스 일치의 감정 효과'라는 심리 때문입니다.

소문내기 좋아하는 집단의 사람에게 다른 소속원을 비판하면, 그 이야기는 확실히 퍼져나가서 이번에는 당신이 소문의 표적이 될 수도 있습니다.

소문내기 좋아하는 집단에는 '가까이 가지 않는다', '귀 기울이지 않는다', '아무 말도 하지 않는다'는 3원칙으로 대응합시다. 그것이 인간관계에서 스트레스를 늘리지 않는 최고의 비결입니다.

남의 일은 함부로 듣지도, 말하지도 말자.

많은 단어가 쏟아져 들어오면
뇌가 작동을 멈춘다

저는 도카이대학 의학부와 세이루카 국제병원에서 25년가량 근무했습니다. 근무하는 동안 전철로 통근했는데, 그사이에 전철 안 풍경이 크게 달라졌습니다. 처음에는 신문이나 잡지, 책 등을 읽는 승객뿐이었지만, 세이루카 국제병원을 퇴직할 무렵에는 거의 모든 사람이 스마트폰을 보고 있었습니다.

한 조사에 따르면 1일 스마트폰 평균 이용시간이 136분에 달한다고 합니다. 전철 안의 거의 모든 사람이 스마트폰을 보고 있다는 말은 과장이나 비유가 아니었던 것입니다.

그렇다면 스마트폰 이용자는 무엇을 보고 있을까요? 같은 조사에 따르면, 페이스북이나 트위터 등의 SNS가 평균 77.8분으로 가장 이용 시간이 길다고 합니다.

시대에 뒤떨어진다고 할 수도 있지만, 몸과 마음을 생각한다면 SNS 이용을 줄이는 편이 좋습니다. SNS 이용과 건강 사이에는 큰 상관관계가 있습니다. '고작' SNS가 몸과 마음에 큰 영향을 미치는 이유는 자율신경계의 혼란을 유발하기 때문입니다.

자율신경계는 내장 기능이나 신진대사, 심리작용 등의 기능을 우리 의지와는 무관하게 통제하고 있는 신경계입니다. 몸과 마음을 활발하게 하는 기능의 교감신경과 쉬게 하는 기능의 부교감신경이 균형을 이루면서 활동합니다. 그런데 SNS를 이용하면 교감신경계만 자극을 받습니다. 다른 사람의 생활이나 생각을 들여다볼 수 있는 완전히 새로운 경험을 하기 때문입니다. 특히 '부럽다', '분하다', '슬프다' 등의 강한 감정이 교감신경계를 크게 흥분시킵니다. 이러한 흥분이 지나친 긴장을 유발해 불면증이나 스트레스, 체내 염증 등이 생깁니다. 뉴욕주립대학교 데이비드 리 David Lee 박사의 연구에 따르면, SNS 이용 시간이 긴 사람일수록 몸의 이상을 느껴 병원을 찾는 횟수가 많다고 합니다.

그렇다면 어느 정도 이용해야 악영향이 없을까요? 노팅엄트렌트대학교의 마크 그리피스 Mark D. Griffiths 교수는 이렇게 말했습니다. "이용 시간으로는 측정할 수 없다. 불안정한 기분을 달래기 위해 SNS를 이용한다면 짧은 시간이라도 문제가 생긴다."

SNS를 보다가 '부럽다'라거나 '분하다'라는 감정을 느끼면 빨리 꺼버리는 것이 좋습니다.

틈만 나면 스마트폰을 보는 습관을
반으로 줄여보자.

선입견의 함정에
빠지지 않는다

우리는 첫인상이 중요하다는 말을 많이 듣습니다. 이는 '첫인상이 맞는 경우가 많다'라는 의미가 아닙니다. 첫인상이 중요한 이유는, 인간은 자신의 첫인상이 맞았다는 증거만 모으고 틀렸다는 정보는 무시하려 하기 때문입니다.

예를 들어 첫인상이 좋았던 사람이 농담을 하면 '재미있는 사람'이라든가 '친해진 증거'라며 긍정적으로 해석합니다. 반면 첫인상이 나빴던 사람이 똑같은 농담을 하면 '무례한 사람', '친한 척한다'고 깎아내리게 되지 않던가요? 이런 과정을 거치면서 첫인상은 만나면 만날수록 강해집니다. 첫인상이 좋았던 사람이 약속에 늦으면 '일이 바쁜가?', '차가 많이 막히나 보네' 하고 걱정하기도 합니다. 하지만 첫인상이 나빴던 사람은 '역시 칠칠치 못해', '시간 약속도 못 지키다니'라며 나쁜 쪽으로 생각하는 경향이 있습니다.

이처럼 인간은 첫인상에 따라 강한 고정관념을 갖게 됩니다. 이러한 심리작용을 '확증 편향confirmation bias'이라 합니다. 나와 같은 신념이나 가치관을 가진 사람은 '바람직한 인물'이라 생각하고 친해지기 쉽지만, 그렇지 않은 사람과는 거리를 두는 것도 확증 편향 때문입니다.

우리는 일상생활에서 방대한 양의 정보를 처리합니다. 이런 상황에서 확증 편향은 대단히 효율적인 사고방식으로, 뇌의 할 일을 덜어줍니다. 그러나 확증 편향이 지나치면 부정적 정보가 귀에 들어오지 않아 상황을 정확히 분석할 수 없습니다.

특히 주의해야 하는 것이 SNS입니다. SNS는 독자적인 알고리즘을 사용합니다. 전달자나 열람자의 반대 의견을 배제하고 동의할 가능성이 높은 정보만 표시하도록 설정되어 있습니다. 다시 말해 처음부터 반대 의견이 삭제되어 있기 때문에 확증 편향이 더 강하게 작용하기 쉽습니다.

외국에서는 정치인이 SNS로 지지자들을 부추겨 나라가

분열되는 사태까지 일어나고 있습니다. 지지자들이 정보가 정확한지 확인하지 않고 그대로 받아들이는 것이야말로 SNS 알고리즘으로 확증 편향이 강화된다는 증거라 할 수 있습니다. 그러므로 SNS를 이용할 때는 특히 선입견이나 무분별한 편 가르기에 주의가 필요합니다.

확증 편향의 함정에 빠지지 않으려면 자기 의견을 뒷받침하는 증거뿐 아니라 반대 의견의 증거까지 모두 검토해야 합니다. 반대 의견에 귀를 닫아버리면 확증 편향은 강화되기만 합니다. 다양한 반대 의견에도 귀를 기울입시다. 그러면 지금까지 보이지 않던 사실이 보이기도 합니다.

앞에서 말했듯이 SNS는 독자적인 알고리즘을 사용해서 처음부터 반대 의견을 배제합니다. 그러니 때로는 일단 로그아웃해서 정보나 의견을 찾아보는 것도 좋습니다.

또한 'OO가 틀림없다', '△△일 리 없다'라고 섣불리 단정 짓는 사고방식도 고칠 필요가 있습니다. 본인의 생각이 틀렸다고 깨달으면 솔직하게 인정합시다. 그 시점에서 잘못된 생각을 바로잡을 수 있습니다.

때로는 사람들과 연결되는 즐거움을 멀리해보자.

혼자가 될
용기가 있는가?

퇴근길에 택시를 탔더니 운전기사가 라디오를 틀어놓고 있었습니다. 흔한 심야 방송으로, 어떤 개그맨 콤비가 이런저런 잡담을 하고 있었습니다. 그중 한 명이 말했습니다. "나는 외로움을 많이 타서 화장실도 혼자 가기 싫어. 그래서 항상 스태프를 데려가지."

이렇게 혼자 있기 싫어하는 사람이 제법 많습니다. 그것은 '외톨이'라는 단어로도 알 수 있습니다. 외톨이란 '매인데 없고 의지할 데도 없는 홀몸'이라는 뜻입니다. 이 단어는 '친구가 없다', '왕따', '고독한 사람', '외로운 삶'처럼 주로 부정적인 의미로 쓰입니다.

확실히 친구나 지인, 가족과 함께하면 즐겁습니다. 하지만 초등학생이나 중학생도 아닌 다 큰 어른이 누군가와 함께하지 않으면 아무것도 할 수 없다는 것은 너무 한심하지 않습니까?

어떤 정신과 전문의는 "활발한 사람일수록 고독을 두려워한다"라고 했습니다. 우리 주변에도 사교성 좋고, 친해지기 쉽고, 이야기하기 좋아하는 밝은 사람들이 있지요. 그들은 서비스 정신이 넘치고 주위와 분위기를 맞출 줄도 압니다. 그런데 잘 관찰해보면 의외의 사실을 알 수 있습니다. 그들은 주변에서 자신에게 어떤 역할을 기대하는지 잘 알고 있고, 그 기대에 부응해야 한다고 생각합니다. 그래서 항상 즐거운 화제나 유행어 등을 준비하고, 자기 뜻과 어긋나는 일도 어떻게든 타협하려고 합니다. 자기 기분보다 타인과의 관계가 목적이 되어버려서 주위 사람들에게 휘둘리는 것처럼 보이기도 합니다.

이들의 마음속 깊은 곳에는 외톨이가 되는 것에 대한 공포가 숨어 있지는 않을까요?

그러나 혼자 있을 때만 할 수 있는 중요한 일이 있습니다. 바로 내면을 정리하는 것입니다.

혼자 거리를 걷거나 여행을 해본 적이 있습니까? 혼자 있으면 당연히 대화가 사라집니다. 대화에 소비하던 에너지를 다른 데 쓸 수 있다는 뜻입니다. 그러면 지금까지 깨닫지 못한 경치나 스쳐 지나가는 사람들의 새로운 모습이 보이기 시작합니다.

집에서 혼자 시간을 보내는 경우도 마찬가지입니다. 가족이나 친구와 수다를 떨면서 보내는 것과는 전혀 다른 시간이 될 겁니다.

또한 에너지를 자신의 내면으로 돌리면, 자기와의 대화를 통해 사고가 깊어집니다. 자기 자신을 더 깊이 알 수 있는 좋은 기회가 되죠. 앞에서 인지행동치료에 관해 언급한 것을 기억하십니까? 이 요법은 자기 내면에 있는 생각이나 기분, 얽매여 있는 것 등을 깨닫는 단계부터 시작됩니다. 혼자 있을 때 깊이 있는 자기 대화를 하는 것은 인지행동치료와 다르지 않습니다.

다만 우리 마음속 청개구리를 잊지 마십시오. '자기 대화를 하자', '내면의 생각을 살펴보자'고 지나치게 열의를 불태우면 외려 역효과가 날 수 있습니다. 그보다 혼자만의 시간을 즐기는 것을 낯선 거리를 헤매는 여행과 같다고 생각해보세요. 그런 마음으로 주변 사람들이 보기에는 얼핏 아무것도 하지 않는 것처럼 편안하게 보내면 됩니다.

그러다 보면 지금까지 몰랐던 사실을 깨닫게 되고, 잊었던 것들을 떠올리면서 자신이 변해가는 모습을 실감할 수 있습니다.

고독과 마주할 때 비로소 성장할 수 있다.

4장

맞춰주지

않는다

조금은 나를 우선시해도

괜찮다

진정한 자아와
거짓된 자아

진정한 자아와 거짓된 자아.

　다소 낯선 개념일 수도 있습니다. 영국의 정신과 전문의 도널드 위니콧Donald Winnicott 박사가 제시한 개념으로, 어린아이들의 정신분석을 하는 과정에서 도출되었습니다. '진정한 자아'란 말 그대로 진정한 자신을 말하며, 타고난 상태 그대로의 사고방식이나 기분, 반응 등을 가리킵니다. 그에 비해 '거짓된 자아'는 '진정한 자아'를 숨기기 위해 만들어진 사고방식이나 기분, 반응 등을 말합니다.

　진정한 자아는 젖먹이 시절의 손짓과 울음 등을 엄마가

이해해주면 발달하지만, 대부분 뜻이 충분히 전달되지 않습니다. 그래서 아기는 자신을 이해시킬 방법을 고안합니다. 이렇게 생겨나는 것이 거짓된 자아이고, 이를 통해 진정한 자아가 보호받습니다.

누구에게나 꾸미지 않은 본래 그대로의 진정한 자아가 있습니다. 완전히 자유로운 마음의 작용으로 발생하는 태도죠. 집에서 혼자 시간을 보낼 때나, 친한 친구나 애인과 함께 있을 때 겉으로 드러납니다. 그에 비해 일할 때나 남을 대할 때는 비판받을 상황을 피하고 남에게 보이고 싶지 않은 부분을 숨기는 태도, 즉 거짓된 자아가 나타납니다.

애니메이션이나 드라마 등에서 가끔 '츤데레' 캐릭터가 등장합니다. 적대적인 태도와 극단적으로 호의적인 태도를 함께 나타내는 인물이죠. 일반적으로 생각하면 적대적인 태도가 거짓된 자아이고, 호의적인 태도가 진정한 자아라 할 수 있습니다.

거짓된 자아는 진정한 자아를 지키기 위해 존재합니다. 하지만 거짓된 자아가 밖에 나와 있는 시간이 너무 길어지면 스트레스를 받습니다. 본래의 자신을 숨긴 채 연기하는 시간이 길다는 것을 의미하기 때문입니다. 그래서 결과적으로 자신의 존재와 세상에 위화감을 느끼게 됩니다. '내가 살고 있는 이 세계가 현실인지 분간이 안 된다', '성공해도 행복을 느낄 수 없다', '칭찬을 받아도 실감이 안 난다'처럼 왠지 무대 위에서 연기를 하는 듯한 느낌을 받습니다.

자기 존재나 주변 세상에 위화감을 느낀다면, 가끔은 혼자서 자기 대화를 해보세요. 산책 도중 공원 벤치에 앉았을 때나 카페에서 아무 생각 없이 커피를 마실 때가 좋겠군요. 진정한 자아를 겉으로 드러낼 수 있는 시간을 늘리는 일이 무엇보다 중요합니다.

어쩌면 나를 가장 모르는 사람은
바로 나일 수도 있다.

너무 많은 가면을 쓰다 보면
자기 목을 조르게 된다

앞에서 설명한 거짓된 자아와 비슷한 것으로 '페르소나'
가 있습니다. 원래는 연극에서 착용하는 '가면'을 가리키는
라틴어입니다. 그러나 심리학자 칼 구스타프 융Carl Gustav
Jung은 '어떤 사람이 실제 자신과는 다른 인물로서 타인에
게 보여주는 공적인 얼굴이나 역할'을 페르소나로 표현했
습니다.

예를 들어 남을 웃기는 것을 좋아하는 C라는 사람이 있
다고 합시다. C가 회사 사장이라면, 농담이나 우스운 이야
기만 해서는 위엄을 유지할 수 없습니다. 직원들도 '우리

사장이 재미있긴 한데, 정말 이 사람을 믿고 따라가도 괜찮을까?'라는 의구심이 들 것입니다. 그래서 C는 진짜 자기 모습을 숨기고 '사장'에 걸맞은 페르소나를 뒤집어씁니다. 그리고 농담과 웃음을 봉인한 채 직원들 앞에서 냉철하게 행동합니다.

인간은 다양한 상황에 맞춰 여러 페르소나를 가질 수 있습니다. C와 우연히 백화점에서 마주쳤다고 가정해봅시다. 그런데 회사에서의 엄격한 모습은 온데간데없이 다정하게 웃으며 아내와 쇼핑을 즐기고 있었습니다. 이것은 C가 '사장'이 아니라 '아내와 함께 있을 때'에 적합한 페르소나를 뒤집어쓰고 있기 때문입니다.

그 밖에도 사람들은 일반적으로 '친구와 놀 때', '아이와 있을 때', '연인과 데이트할 때' 등의 페르소나를 가집니다. 이런 페르소나가 없다면 자신은 물론 주변 사람들에게도 큰 스트레스를 줄 수 있습니다.

하지만 어떤 역할에 지나치게 몰두하다 보면, 해당 페르소나가 진짜 자신을 완전히 덮어서 지워버릴 수도 있습니다. 이렇게 페르소나와 동일화되는 현상을 '페르소나의 팽창'이라고 부릅니다.

페르소나의 팽창은 일과 돈, 이념, 사회적 입장 등과 관련된 역할에서 발생하기 쉽습니다.

C의 경우, 사장이라는 역할에 지나치게 몰두하면 사장 페르소나와 동일화할 가능성이 높습니다. 본래의 자신이 아닌, 그때그때 갈아 쓸 수 있을 거라 생각했던 가면을 도무지 벗을 수 없게 되는 것이죠. 그 스트레스로 몸과 마음에 여러 영향이 나타납니다. 이때까지의 열의가 사라지고 생기도 잃어버립니다. 모든 일을 마지못해 하면서 항상 짜증이나 불만을 품기 십상입니다. 결국 활기를 잃고 몸의 움직임도 둔해집니다.

열정적으로 일하기 위해 사장의 페르소나를 뒤집어썼는데, 정도가 지나치면 오히려 의욕을 잃어버린다니 아이러니한 이야기입니다.

페르소나의 팽창을 방지하려면 기분 전환이 중요합니다. 페르소나의 팽창은 대부분 일과 관련해 일어납니다. 그러므로 일에만 너무 몰두하지 말고 가끔은 일찍 끝내서 동료나 친구들과 가볍게 한잔하거나 연인, 배우자와 데이트를 즐기는 것이 좋습니다.

그렇게 하면 '일'의 페르소나에서 '친구와 놀 때'나 '연인

과 데이트할 때' 등의 페르소나로 전환되어 특정 페르소나
에 동일화할 확률이 줄어듭니다.

가짜로 꾸미다 보면 진짜 나를 잃어버린다.

맞춰주다 보면
만만한 사람이 될 뿐이다

개인주의가 강한 서양에 비해 동양 사회는 동조 압력이 높은 편입니다. 개인보다 조직을 우선시하는 터라 튀는 사고방식이나 화합에 걸림돌이 되는 행동은 환영받지 못합니다. 이런 사람에게는 따돌림이라는 제재가 가해집니다.

그 때문일까요? 본인이 하고 싶은 일과 상대의 부탁을 비교했을 때, 후자가 더 중요하다고 판단하는 사람들이 많습니다.

누군가에게 부탁을 받았다고 가정해봅시다. 그날은 하고 싶은 일이 있어서 부탁이 내키지 않는 게 당신의 본심입니다. 하지만 그 정도 이유로는 거절하기가 어렵다고 생각해 마지못해 '좋아'라거나 '해볼게'라고 받아줍니다. 그리고 자기가 하고 싶었던 일은 뒤로 미룹니다.

이런 사고방식에는 훌륭한 점도 있습니다. 최근 세계 곳곳에서 큰 피해를 초래하는 자연재해가 연이어 발생하고 있습니다. 재해지역에서 주민들이 지원 물자를 두고 다투는 모습이 뉴스를 통해 보도되기도 합니다. 살고 싶은 마음은 인간의 본능이기 때문에 이런 일이 일어나는 것은 어쩔 수 없습니다. 하지만 나보다 남을 우선시하는 사회에서는 이런 광경을 좀처럼 볼 수 없습니다. 동조 압력이 인간의 본능마저 억제하는 것입니다.

하지만 일상에서까지 매번 자신을 뒤로 미룰 필요가 있을까요? 애초에 '나보다 타인을 우선시한다'는 것은 본능을 거스르는 사고방식이기에 많든 적든 스트레스가 쌓이기 마련입니다. 긴급 상황에서는 어쩔 수 없지만, 일상에서는 나를 우선해도 괜찮습니다. '하고 싶은 일이 있어서'라는 이유로 다른 사람의 부탁을 거절해도 됩니다. 확실하게 거절하면 스트레스도 확실하게 줄일 수 있습니다.

남을 우선시하다 보면 나도 모르게 이런 말을 내뱉게 됩니다. "당신이 부탁해서 왔다", "당신을 위해 하고 있다",

"당신을 위해 노력하고 있다"라고 말입니다. 말은 분명히 사실이지만, 반복해서 듣다 보면 상대방도 너무 생색낸다고 느낄 겁니다. 이렇게 서로 스트레스를 주고받는다면 남을 우선시하는 의미가 없지 않을까요?

마지막으로, '스스로 결정하는 사람일수록 행복도가 높다'는 연구 결과를 떠올려 보세요. 누군가에게 도움을 받으면 더 편할 것 같지만, 실제로는 혼자 자유롭게 원하는 대로 하는 편이 만족감이 높습니다. '나를 위해서'라고 생각한 것이 궁극적으로는 '상대방을 위해서'가 되는 경우가 많다는 뜻이니, 재미있지 않습니까?

'좋은 사람'을 그만두고 과감히 거절하자.

'좋아요' 수가
나의 가치는 아니다

누구나 남들에게 좋은 평가를 받고 싶어 합니다. 물론 저도 예외는 아닙니다. 환자들에게 "덕분에 고민이 사라졌습니다"라든가 "선생님을 만나서 다행이에요"라는 말을 들으면 기분이 좋습니다.

좋은 평가를 받고 싶은 욕구의 뿌리는 상상 이상으로 깊습니다. 미국의 임상심리학자 로저 코빈 Roger Corbin은 이렇게 지적합니다. "다양한 위험에 노출되었던 유사 이전의 인간은 주위 사람들과 좋은 관계를 유지하는 것이 생존의 필수 조건이었다. 이것이 결국 인간의 기본 욕구가 되어 생명의 위험이 사라진 현재까지 계승되고 있다."

'남들에게 좋은 평가를 받고 싶다'라는 심리를 '공적 자기의식'이라고 합니다. 다만 그런 심리가 지나치게 강해지면 그것만 생각하다가 의외의 문제를 일으킵니다. 분수에 걸맞지 않은 허세를 부리고, 거짓말을 하거나 돈 문제가 발생하기도 합니다.

그렇다면 어떻게 해야 허세를 부리지 않고 살 수 있을까요? 답은 간단합니다. 남들에게 좋은 평가를 받기 위해 무리해서 노력하는 일을 그만두면 됩니다. 애초에 누군가가 당신을 좋아하고 싫어하고는 당신이 결정할 수 없는 문제입니다.

여러분 중에는 'A는 B의 호감을 산 것 같다. 그럼 나도 한번 시도해볼까'라고 생각하는 사람도 있을 것입니다. 하지만 당신도 호감을 살 수 있다는 보장은 전혀 없습니다. 그러니 구태여 특별한 일을 할 것 없이 있는 그대로의 나로 존재하면 됩니다. 그러면 불필요한 스트레스도 줄어듭니다.

'있는 그대로 행동해서 미움받으면 어쩌지?'

이렇게 걱정하는 사람도 있겠지요. 분명히 미움받는 경우도 있겠지만, 그건 당연한 것 아닌가요? 당신도 좋아하는 사람과 싫어하는 사람이 있습니다. 누군가가 그 마음을 억지로 바꾸려고 하면 어떨까요? 쉽게 바뀔까요? 아마 절대 변하지 않을 것입니다. 이 또한 아들러가 지적한 그대로입니다.

최근에는 SNS에서 '좋아요'를 받으려고 필사적이라 일이 손에 잡히지 않는다는 사람들이 많습니다. 이 또한 남들에게 좋은 평가를 받고 싶은 심리의 연장선 위에 있습니다.

확실히 '좋아요'를 받으면 기분이 좋습니다. 나의 가치를 인정받았다는 잘못된 믿음 때문입니다. 이렇게 '좋아요'와 '나의 가치'를 연결해버리면, 자신감과 자존심에도 영향을 미쳐서 '좋아요'에 휘둘리는 나날이 시작되고 맙니다.

자신의 가치를 다른 사람에게 인정받을 필요는 전혀 없습니다. 이 기본적인 사실을 제대로 이해하면 '좋아요'에 휘둘리지 않을 수 있습니다.

비굴할 만큼 상대방의 눈치를 살필 필요는 없다.

남을 위하느라
자기혐오에 빠지지 말자

친구의 아들 중에 지방대학에서 조교수로 일하는 의사가
있습니다. 어느 날, 그에게서 전화가 왔습니다. 학회 때문
에 도쿄에 왔는데 얼굴도 볼 겸 차 한잔 마실 수 있는지 물
어보더군요. 마침 제 클리닉 근처여서 가까운 카페에서 만
나기로 했습니다.

몇 년 만에 만나는지라 옛날이야기와 근황 보고로 분위
기가 무르익었습니다. 이때까지는 예전과 다르지 않은 모
습이었습니다. 그런데 이야기를 나누다가 조금 힘든 표정
을 짓더니 이런 말을 꺼냈습니다.

"문득 이런 생각을 하곤 해요. 해야 할 일이 아니라 하지 말아야 할 일만 하고 있진 않은가… 하는 생각이요."

갑자기 어려운 화제가 시작됐다고 생각하는데, 제 마음을 알아차린 것처럼 그가 말했습니다.

"이렇게 말하면 굉장히 어렵게 들리시겠죠. 그러니까 예를 들면, 잠자코 상대의 이야기를 들어야 하는 순간에 입을 열고 쓸데없는 말을 한다든가, 지금은 참아야 할 때라고 머리로는 알고 있으면서 저도 모르게 반박해버려요. 그러고 나서 굉장한 자기혐오에 빠지는 거죠. 나는 미숙한 인간이다, 이래서야 존경받을 수 없다, 나는 필요 없는 존재가 아닐까… 라고요."

대학의 조교수는 회사의 중간관리직 같은 위치입니다. 직원들과 연수생, 간호사 등과 상사인 교수 사이에서 일상적으로 상당한 스트레스를 받는 직책입니다. 특히 대학병원은 많은 환자의 생명을 책임지고 있어서 일반적인 수준 이상의 스트레스에 늘 노출되어 있습니다. 이 때문에 마음이 약해진 듯했습니다.

'나는 더 참아야 한다. 그러지 못하는 나는 무능한 인간이다.'

아마 그는 이렇게 말하고 싶었던 것 같습니다. 왜 이런 생각을 하게 되었을까요? 힌트는 그가 '자기혐오'라는 단어를 사용했다는 데 있습니다. 자기혐오란 말 그대로 자기 자신을 싫어하는 감정입니다. 이런 감정을 느낀다는 것 자체가 스스로를 소중히 여기지 않는다는 증거입니다.

자신이 소중하지 않기 때문에 '내가 나빴다' 또는 '내 감정을 자제했어야 했다'라는 생각부터 합니다. 그러고는 결국 '내 생각이나 판단은 과연 옳았을까?'라는 고민까지 하게 됩니다.

이런 사고방식은 의사결정뿐 아니라 일과 인생에서 중요한 결정을 내릴 때도 바람직하지 않습니다. 심리상태가 부정적 악순환에 빠져서 우울증이 생길 가능성도 높습니다. 그도 그렇게 되기 직전처럼 보였습니다.

저는 이렇게 물어보았습니다. "누가 너한테 끼어들지 말라고 말했니?"

그가 잠시 생각하고는 대답했습니다. "아니요…."

어렸을 때부터 알고 지낸 그는 남달리 착한 심성의 소유자였습니다. 착하다는 건 좋은 일입니다. 착한 사람을 비난할 생각은 없습니다만 무엇이든 과유불급, 다시 말해 지나침은 미치지 못함과 같습니다. 너무 착하면 상대방의 기분을 지나치게 배려해서 자기는 뒤로 미뤄버립니다. 한마디로 자기 자신을 소중히 여기지 않습니다.

저는 이렇게 조언했습니다. "너는 너무 착해. 다른 사람은 생각하지 말고, 조금 더 '내가 옳다', '내가 먼저다'라고 생각하고 행동해보렴."

이 말을 듣자 그는 놀란 표정을 지었습니다. 하지만 유독 자기혐오에 빠지기 쉬운 사람일수록 사실은 '너무 좋은 사람'인 경우가 많습니다. 그럴수록 의식적으로 자신을 먼저 생각해야 겨우 균형점을 맞출 수 있습니다.

얼마 지나지 않아 그에게서 이런 메시지가 도착했습니다. "나를 먼저 생각했더니 의외로 예전보다 인간관계가 좋아졌어요!"

아무래도 제 과감한 치료가 효과가 있었던 것 같습니다.

정말로 뭔가 미움받을 일을 했을까?

타인의 기대에
연연하지 마라

'피그말리온 효과'는 타인이 나에게 기대하고 칭찬하면 그 것이 현실이 되는 신기한 심리 현상입니다. 누군가가 나에게 기대하고 있음을 감지하면, 무의식적으로 기대에 부응하려는 의욕을 불태워 뛰어난 결과를 내는 것입니다.

그러나 이것도 지나치면 문제입니다. 기대에 부응하려고 필사적으로 노력했음에도 '나는 못할 것 같다'고 느끼면 기대가 한순간에 거대한 스트레스 요인으로 돌변합니다. 그리고 자기혐오, 자존심 저하 등이 생겨나 마음이 병들고 맙니다.

미국 유학 시절에 알게 됐는데, 영어권에는 "기대는 계획적인 원한이다"라는 속담이 있습니다. 상당히 아이러니하게 들리지만 정곡을 찌르는 말입니다. 제 주위에도 지나친 기대를 받다가 결국 무너져버린 사람들이 많습니다. 아마 당신 주변에도 있겠지요. 이처럼 기대는 한 사람의 인생을 무너뜨릴 정도로 무서운 것입니다.

그렇다면 어째서 사람들은 무리한 기대에 부응하려고 할까요? 자신을 먼저 생각하지 않기 때문입니다. 그래서 타인의 기대를 필요 이상으로 중시하고 무리해서 노력하는 것입니다.

자신을 소중히 여기지 않으면 타인을 소중히 여기는 마음의 여유는 결코 생기지 않습니다. 나를 소중히 대하는 것은 다른 사람을 소중히 대하기 위한 첫걸음입니다.

이것은 미국의 교육심리학자 크리스틴 네프Kristin Neff의 연구에서도 증명된 사실입니다. 그에 따르면, 자신을 소중히 여길 때 옥시토신이라는 호르몬 분비량이 증가합니다. 옥시토신에는 '행복 호르몬'이라는 별명이 있습니다. 불안과 공포, 투쟁욕 등을 줄여주고 인간관계를 양호하게 만들려는 심리가 강해진다고 알려져 있습니다.

다른 사람의 기대에 따라서만 살고 있다면, 당신은 아직 자신의 인생을 제대로 즐기지 못하는 것입니다. 요즘 '내 인생을 사는 것 같지 않다'라는 하소연을 자주 듣습니다. 혹시 그렇게 느껴진다면, 무리하게 다른 사람의 기대에 맞추고 있지 않았는지 생각해봅시다.

물론 노력은 중요합니다. 그러나 이 세상에는 노력만으로는 달성할 수 없는 일도 많습니다. 만약 너무 큰 기대를 받고 있다고 느껴진다면, 무리해서 노력하지 말고 일찌감치 그 기대에서 벗어납시다. 기대에 대해 그저 '노(No)'라고만 말하면 됩니다. 상대를 화나게 하거나 실망시키는 리스크는 존재하지만, 그것은 상대방의 사고방식에 지나지 않습니다. 당신은 앞으로도 당신의 인생을 살아가야 합니다. 다른 사람들의 평가보다 자기 자신의 행복을 먼저 생각하면서 살아가길 바랍니다.

'기대에 부응하는 캐릭터'를 만드는 사람은
자기 자신이다.

좋은 의도가
상대방의 기분을
상하게 할 때

1년 전쯤 제 지인이 은퇴하고 도쿄에서 지방으로 이사를 했습니다. 요즘 유행하는 귀촌이죠.

신참 이주민인 그는 여러 가지 배우고 싶은 것이 많았으므로 근처에 사는 선배 이주민들을 부지런히 만나 식사나 차를 마시는 시간을 가졌습니다. 그리고 그때마다 나이나 조언의 크고 작음에 상관없이 반드시 음식값을 계산했습니다.

그러던 어느 날, 선배 이주민과 식사하면서 담소를 나누고 평소처럼 계산하려고 하자 상대방이 화를 냈다고 합니다. "이봐, 지금 연금생활자라고 무시하는 거야? 이 정도는 나도 낼 수 있다고!"

지인은 무척 당황했습니다. 무시할 생각은 눈곱만큼도 없었거든요. 선배에 대한 존경과 감사의 뜻이었을 뿐입니다.

이렇게 본인은 좋은 의도로 한 일이 상대에게는 반갑지 않은 일이었다는 이야기를 가끔 듣습니다. 특히 지인의 경우는 돈이 관련되어 있었기 때문에 더 격렬한 반응이 나온 듯했습니다.

사실 심리학적으로 보면 '한턱낸다'는 것은 '내가 우위에 있다'는 우월감을 확인하는 행위에 해당합니다. '내가 위라고 인정해달라'라는 뜻을 전하는 셈입니다. 지인의 경우는 상대방이 그런 뉘앙스를 민감하게 감지했기 때문에 강한 불쾌감을 느꼈을 겁니다.

미국의 사회학자 얀 예거Jan Jaeger는 이렇게 말합니다. "경솔한 간섭은 결코 환영받지 못하며, 때로는 위험하기까지 하다." 이기적인 생각이나 선입견으로 남에게 간섭하거나 행동하면 바람직한 결과는 나오지 않습니다.

그렇다고 일절 손을 내밀지 않아도 힘들어집니다. 원조나 관여를 해야 할지 망설여진다면, 다음 네 가지 항목을 고려해보세요.

① 관여하거나 의견을 말해도 좋은 관계인가?

별로 친하지 않은 사람에게 어떤 행동을 취하면 문제가
생길 가능성이 커집니다. 간섭이 허락된 관계인지를 객관
적으로 판단하고 나서 행동합시다.

② 상대에게 정말 관여와 의견이 필요한가?

어떤 일을 하기 전에, 상대에게 정말 그것이 필요한지
다시 한 번 생각해봅시다. 그래도 모르겠다면 직접 물어보
는 것도 방법입니다.

③ 본인의 문제에 대입해서 생각하고 있지 않은가?

예를 들어 본인이 결혼에 실패했기 때문에 지인의 결혼
을 반대하는 것은 지인을 위하는 일이 아닙니다. 진정으로
상대방을 위해서 하는 행동인지 아닌지 다시 한 번 생각합
시다.

④ 상대방이 위험에 처해 있는가?

객관적으로 신체적이든 정신적이든 여러 면에서 위험에

처했다고 판단되면, 오해를 받더라도 개의치 말고 주저 없이 간섭해야 합니다.

이상의 항목을 확인하다 보면 일시적인 감정이 진정되고, '정말 그렇게 해도 될지' 냉정하게 판단할 수 있습니다.

'당신을 위해서'라고 하지만,
진심은 '나를 위해서'일 수 있다.

애매하게 대답하면
애매한 사람이 될 뿐이다

"긍정적으로 검토해보겠습니다."

"갈 수 있으면 가겠습니다."

일상에서 자주 듣는 말입니다. 거절하기 어려울 때 흔히 쓰는 말이죠. 대놓고 사양하기는 미안해서 자기 의견을 분명하게 말하지 않고 애매모호하게 대답하는 사람들이 생각보다 많습니다.

"괜찮을 것 같습니다"가 대표적인 예입니다. 상대방 입장에선 좀 애매한 말입니다. 좋다는 뜻으로 이해하긴 하지만 어쩔 수 없이 동의해주는 뉘앙스가 있어서 듣는 마음이 깔끔하지 않습니다. 싫으면 차라리 싫다고 확실하게 말해주는 게 훨씬 편할 텐데요.

예스/노가 분명한 서양인들은 이런 표현을 특히 혼란스러워합니다. 저도 미국 유학 시절에 "당신은 무슨 생각을 하는지 모르겠어", "자기 의견이 없는 건가?"라는 말을 들은 적이 있습니다.

애매한 표현에서 반응이 차이 나는 이유는 말하자면 '애매 내성'의 정도가 다르기 때문입니다. 애매한 표현이나 상황을 얼마나 스트레스 없이 마주할 수 있는지 하는 것이죠. 일반적으로 서양인은 애매 내성이 낮다고 할 수 있습니다. 애매 내성이 높은 사람이라도 스트레스가 아예 없는 것은 아닙니다. 하나하나의 스트레스는 크지 않아도 매번 이런 식의 애매한 대답만 듣는다면 '이 사람하고는 말하고 싶지 않다'고 생각하지 않을까요?

나아가 애매한 대답을 하는 사람은 자신감 없는 사람, 우유부단한 사람이라는 인상을 주기 쉽습니다. 실제로 한 연구에서 자신감이 없는 그룹은 '긍정과 부정을 분명하게 드러내지 않는다', '어느 쪽에도 해당하지 않는 대답을 한다'는 경향이 나타났습니다.

이처럼 일상생활에서 너무 애매한 대답만 한다면 주위

에 스트레스를 퍼뜨리는 동시에 자신의 평가도 떨어뜨릴 우려가 있습니다. 그렇다면 애매함을 줄이려면 어떻게 해야 할까요?

제가 추천하는 훈련법은 구매를 망설이던 상품을 과감히 사버리는 것입니다.

'갖고 싶지만 좀 비싸서 항상 주저하게 돼.'

'둘 다 갖고 싶어. 어느 쪽을 선택할지 고민이야.'

이런 망설임을 느껴본 적이 있으신가요? 이럴 때는 과감히 더 좋고 비싼 쪽을 사세요.

비싼 걸 사는 게 애매한 대답을 줄이는 일과 무슨 상관이 있느냐고요? 이런 행동은 '나는 판단을 망설이지 않는다', '나는 과감한 결단을 내릴 수 있다'라는 자기암시로 작용합니다. 그 결과 애매한 대답이 확실히 줄어들게 됩니다.

물론 사치하라는 이야기는 아닙니다. 애매한 대답을 하지 않기 위해서라는 핑계로 낭비하지는 마세요. 꼭 필요한 물건만 구매하도록 합시다.

의사소통은 간결하고 명확할수록 좋다.

할 수 없는 일은
'안 된다'고 말하자

입사 3년 차 A는 밝은 성격에 평판도 좋고 업무능력도 뛰어납니다. 그래서 생겨나는 부작용도 있습니다. 상사나 선배들이 "이거 부탁해"라고 아무렇지 않게 일을 맡기는 것입니다.

물론 사람 좋은 A는 자기를 믿고 맡겨주는 것을 기쁘게 생각하며 기대에 부응하기 위해 노력했습니다. 더러 근무시간 안에 소화하기 어려우면 야근을 하고, 때로는 집에 가지고 가서 마무리하기도 했습니다.

어느 날, 과장이 "다음 주 월요일까지 설문조사 요점 정리를 해줄 수 있나?"라고 부탁했습니다. 의욕적으로 "네, 알겠습니다"라고 대답하자, 곧바로 다른 선배가 "신제품 캠페인의 초벌 원고 좀 준비해줘"라고 부탁했습니다. 아무래도 힘들 것 같았지만 A는 '주말에 하면 어떻게든 되겠지'라는 생각에 일을 맡았습니다. 그런데 주말 내내 일해도 생각만큼 진도가 나가지 않았습니다.

월요일이 되었습니다. '이 정도 정리했으니 OK겠지'라는 생각으로 설문조사 정리를 보여주자, "무슨 일 있었어? 이래서는 전혀 못 쓰겠는걸"이라는 반응이 돌아왔습니다. 심지어 선배가 부탁한 초벌 원고는 절반밖에 완성되지 않았습니다. A가 안이한 계산으로 맡아버린 일은 결국 어느 쪽도 제대로 마무리되지 않은 셈입니다.

일을 부탁받았을 때 '안 됩니다'라고 솔직하게 말하지 못하는 사람이 많습니다. 그런 말을 하면 자신에 대한 평가가 떨어지거나, 다시 일을 받지 못할 가능성이 높습니다. 말하지 못하는 마음도 이해가 갑니다. 누구나 '의욕이 없다'라거나 '도움이 되지 않는다'라는 평가는 피하고 싶습니다.

그렇더라도 불가능할 것 같다고 판단되면 부탁한 사람과 상의해야 합니다. 솔직하게 안 된다고 하면 상대방도 빨리 대책을 세울 수 있습니다.

불가능하다는 것을 알면서도 일을 맡아버리면 중간에 '진행 중입니다' 또는 '안심하세요' 같은 거짓 보고를 하게 되고, 결국 부탁한 당사자나 주변에 본의 아니게 피해를 주게 됩니다. 이 얼마나 부질없는 결과인가요. 서로에게 큰 스트레스가 되는 것은 물론, 결과적으로는 '안 됩니다'라고 말하는 것보다 당신의 평가를 떨어뜨립니다. 솔직하게 털어놓는 것이 최선입니다.

　　　　아무 일이나 떠맡는 사람이 되어서는 안 된다.

5장

선을 넘지

않는다

적당한 선에서

멈출 줄 안다

자신에게만 너무
엄격한 것은 아닌가?

'이러쿵저러쿵 따지지 말아야 한다'라거나 '돈은 한꺼번에 지불해야 한다'처럼 '~해야 한다'라는 말로 자기 생각을 강요하는 사람이 있습니다. 하지만 그건 자기가 만든 잣대에 불과합니다. 이를 다른 사람에게 적용하려는 것은 크게 잘못된 생각입니다.

이렇게 자기 경험이나 사고방식 등에서 도출된 체계를 '자기 스키마'라고 합니다. 많든 적든 누구나 가지고 있는 사고방식이죠. 과거의 경험이나 지식을 바탕으로 위험을 어느 정도 예측하거나, 여러 가지 일을 빠르게 판단할 수 있다는 장점이 있습니다.

예를 들어 행동이 수상한 사람을 보고 가까이 가지 않는 것이 좋겠다고 판단하거나, 경찰관이 인파 속에서 테러리스트나 범죄자를 구분해낼 수 있는 것도 자기 스키마 덕분입니다.

그런데 자기 스키마가 지나치게 강해지면 무조건 내 생각이 옳다거나 상대방의 생각은 틀렸다고 판단하고, 그것이 '~해야 한다'라는 말로 표현됩니다.

본인은 좋은 의도로 올바르게 이끈다고 생각하지만, 자기 스키마는 어디까지나 본인이 '옳다'고 믿는 신념일 뿐입니다. 그것이 다른 사람에게도 그대로 해당하지는 않습니다. 그렇기에 이런 말을 들은 상대방은 당신을 '쓸데없는 참견을 하는 사람이군'이라며 멀리하게 됩니다.

한편으로는 자기 자신에게도 '~해야 한다', '~하지 않으면 안 된다'라는 말로 신념을 강요하는 사람이 있습니다. 내가 나에게 지우는 부담이니 문제없는 것처럼 보입니다. 그러나 이런 사고방식은 완벽주의와 비슷한 부분이 있어서 자신을 정신적으로 몰아세우기 때문에 결코 바람직하지 않습니다.

과도한 자기 스키마에 빠지지 않기 위해서는 인지행동치료가 효과적입니다. 인지행동치료에 관해서는 1장에서도 다뤘지만, 먼저 자신의 사고방식을 아는 것에서부터 시작합니다.

'나는 누구인가?'라고 질문하고, 종이에 답을 써보세요. 너무 깊이 생각하지 말고 가능하면 15개 정도 적어봅니다. 그 안에 자기 스키마가 숨어 있습니다.

다음에는 종이에 적은 나의 장점과 단점을 나열합니다. 완벽주의자라는 항목이 있다면, 장점으로는 '수준 높은 일 처리가 가능하다', '신뢰를 얻을 수 있다', '남에게 신세 지지 않아도 된다' 등이 있겠지요.

단점으로는 예컨대 '실패를 용서할 수 없다', '긴장을 풀 수 없다', '남의 행동을 참을 수 없다' 등이 이어질 것입니다. 이때 하나라도 단점이 나온다면 해당하는 자기 스키마를 수정할 필요가 있습니다. 다시 말해 '완벽주의자'는 바람직하지 않다는 의미입니다. 그런 사고방식은 그만두도록 노력합시다.

말은 간단하지만, 자기 스키마를 바꾸려면 많은 시간과 노력이 필요합니다. 하지만 바람직하지 않은 자기 스키마가 무엇인지 깨닫는 것만으로도 어느 정도 개선을 기대할 수 있습니다. 먼저 자기 스키마를 발견하는 일부터 시작해 보세요.

누구도 완벽한 사람은 없다.

'더, 더'라는 과욕이
나를 갉아먹는다

일본 도치기현 닛코에 있는 도쇼구 신사는 세계문화유산에도 등재된 곳으로 일본 학생들의 수학여행지로도 인기가 높습니다. 꽤 오래전이지만 저도 여행하다 닛코에 들른 적이 있습니다. 세계유산답게 유서 깊고 아름다운 건축물들이 눈길을 사로잡았지만, 특히 훌륭했던 것은 요메이몬陽明門이었습니다. 일본의 국보이기도 한 요메이몬에는 500개 이상의 조각이 있습니다. 온종일 봐도 질리지 않는다고 해서, 해가 지는 문이라는 뜻의 '히구라시몬日暮門'이라고도 불립니다.

제가 이런 상식을 알고 있는 이유는 현지 가이드의 해설을 들었기 때문입니다. 설명 중에서 가장 놀라웠던 부분은 이 아름다운 문에 결함이 있다는 사실이었습니다.

　요메이몬은 12개의 기둥이 받치고 있는데, 그중 하나는 위아래가 거꾸로 세워져 있습니다. 실수가 아니라 일부러 그렇게 지었다고 합니다. 예로부터 전해오는 '완벽함에는 마가 깃든다'는 속설 때문입니다. 위아래가 뒤집힌 기둥이라는, 건물을 지을 때 결코 해서는 안 되는 일을 일부러 해놓음으로써 문을 완벽하지 않은 상태로 둔 것입니다.

　인생에도 같은 논리를 적용할 수 있지 않을까요? 세상에는 뭐든지 완벽해야 하는 사람들이 있습니다. 이른바 완벽주의자로, 어쩌면 당신이 그럴지도 모릅니다. 잘 모르겠다고요? 자신이 완벽주의자인지 아닌지는 다음 두 질문에 대한 대답으로 알 수 있습니다.

　"좋은 성적을 거두고 축하한 경험이 있습니까?"

　"어떤 기록을 경신하고 기쁨을 느낀 경험이 있습니까?"

　이 두 질문에 모두 '아니오'라고 대답한 사람은 틀림없는 완벽주의자입니다. 완벽주의자에게는 좋은 성적도, 신기록도 그저 단순한 통과점에 불과하기에 기쁨을 느끼지 못합니다.

목표나 이상을 높게 잡는 것은 좋습니다. 자존감을 높이는 데도 효과적인 방법입니다. 하지만 완벽주의자가 스스로에게 부여하는 목표나 요구는 너무 과해서 항상 자신을 강하게 압박하고 긴장하게 만듭니다. 이것이 큰 스트레스로 이어지는 것은 두말할 필요도 없겠지요.

게다가 지나치게 높은 목표는 달성이 불가능한 경우가 많습니다. 그렇게 되면 강박과 긴장이 모두 자기비판으로 돌변해 자존감을 산산이 부숴버립니다. 이는 '번아웃 증후군'의 원인이 되기도 합니다.

번아웃 증후군에는 다음과 같은 증상이 나타나는데, 한 번 자가 체크를 해보시기 바랍니다.

☐ 남과 대화하고 싶지 않아 인간관계가 불편해졌다.

☐ 최근에 너무 금방 피곤해지고, 일의 실수가 늘었다.

☐ 나는 아무렇지 않은데, 주위 사람들에게 '괜찮아?'라는 걱정을 듣는다.

☐ 왠지 모르게 몸 상태가 좋지 않고, 위장병이나 불면증에 시달린다.

☐ 술을 마시는 양이 갑자기 늘었다.

이 중 하나라도 해당한다면 빨간불입니다. 더 이상 노력하지 마세요. 이미 남들 이상으로 노력했으니, 조금 쉬어가도 됩니다.

'이렇게 되어야 한다'라고 자신을 다그칠수록
더 수렁에 빠진다.

당신의 기준이
너무 높지는 않은가?

2022년에 세상을 떠난 프로레슬러 안토니오 이노키는 생전에 많은 명언으로 유명했습니다. 저는 그중에서도 "의지가 있다면 뭐든지 할 수 있다"라는 말을 매우 좋아합니다. 이 말이 '자기효능감'이라는, 우리가 살아가는 데 대단히 중요한 심리를 잘 나타내고 있기 때문입니다.

자기효능감을 쉬운 말로 바꾸면 '자신이 목표를 성공적으로 달성할 능력이 있다고 믿는 심리'입니다. 예를 들어 방송국 아나운서가 되고 싶은 사람은 '나는 아나운서 시험에 합격할 능력이 있다', 'OO 방송국 정도는 자신 있다'는 믿음으로 방송국 입사 시험을 봅니다. 이때 그렇게 믿는 심리가 자기효능감입니다.

그런데 지원하기 전부터 '내가 합격할 리 없다', '내게는 무리다'라며 포기해버리는 사람도 있습니다. 이런 사람은 자기효능감이 낮습니다. 말할 필요도 없겠지만, 자기효능감이 낮은 사람은 사회적으로 높은 지위에 오르기 어렵습니다. 또한 자기효능감이 낮은 사람은 질병의 치료 효과가 느리고, 우울증에 걸리기 쉽다는 견해도 있습니다. 심신의 건강을 위해서라도 자기효능감은 높은 편이 좋겠죠.

다음의 세 가지 지혜는 자기효능감을 높이는 효과가 있습니다.

① 자신의 '영역'에서 벗어나자.

여기서 말하는 영역은 우리 인간이 안심할 수 있는 안전지대, 즉 오래 소속되어 있는 그룹이나 친구 관계 등을 가리킵니다. 하지만 마음이 편하다고 그곳에만 머물러 있는 한 자기효능감은 더 이상 높아지지 않습니다.

자기효능감을 높이기 위해서는 현재 영역에서 벗어나 새로운 일에 도전하거나, 새로운 사람을 만나야 합니다. 모르는 나라나 도시로 여행을 떠나는 것도 좋은 방법입니다.

② 무리 없는 목표를 정하자.

자기효능감을 높이기 위해서는 성공 체험이 매우 중요합니다. 처음부터 너무 높은 목표를 설정하지 말고, 무리 없는 선에서 목표를 하나씩 달성하며 성공 체험을 쌓아갑니다.

예를 들어 처음부터 토익 900점이 아니라 우선 600점대를 목표로 정하는 겁니다. 그 목표를 달성했다면 다음은 700점 그리고 800점대로 높여갑니다. 이렇게 차례대로 목표를 달성하면서 최종 목표 900점을 향해 나아간다면 달성할 때마다 자기효능감이 높아질 것입니다.

③ 자기 자신을 격려하자.

이 부분은 이노키의 명언과 통합니다. '나라면 충분히 할 수 있다', '나를 믿어도 된다'라고 자기 자신에게 격려의 말을 건네면 자기효능감을 높일 수 있습니다. ②번의 항목과도 관련이 있죠. 자기 실력이 시간이 지나면서 얼마나 향상됐는지 매 단계 확인하는 것도 자기효능감을 높이는 요령입니다.

'전보다 조금 좋아졌어'라고 생각하면 힘이 난다.

큰 스트레스는
작게 조각내라

마쓰바라 다이도 松原泰道라는 스님이 있습니다. 2009년 세상을 떠날 때까지 100권이 넘는 저서를 남겼죠. 그중에서도 《반야심경 입문》은 기록적인 베스트셀러로, 일본에 불교도서 열풍을 일으킨 책으로도 유명합니다.

마쓰바라 선사는 항상 세 가지를 하지 않기 위해 마음 썼다고 합니다. 바로 '무리하지 않는다', '낭비하지 않는다', '게으름을 부리지 않는다'입니다. 특히 '무리하지 않는다'는 마음의 병을 예방하는 데 중요한 사고방식이라고 생각합니다.

1장에서 지나치게 성실하거나 책임감이 강한 사람은 스트레스 내성이 약해서 쉽게 한계를 넘어버린다고 말씀드렸습니다. 그 이유는 너무 열심히 하기 때문입니다. 본인이 정한 과제가 지나치게 어렵다는 것을 깨달아도 무리해서 과제를 완수하려 합니다. 하지만 애초에 너무 어려운 과제인데 가능할 리 없습니다. 결국 '능력이 부족해서 못하는 거야', '이런 내가 한심하다'라는 부정적 사고에 빠지게 됩니다.

이럴 때는 과제를 작게 조각내고 나눠서, 가능한 일부터 하나씩 확실하게 실행하는 방법을 강력히 추천합니다. 할 수 있는 과제는 바로 시작해서 끝내버리고, 어려운 과제는 뒤로 미루면 됩니다.

일하다 보면 처음 시작했을 때보다 시간이 지난 뒤에 효율이 올라간 경험이 있을 것입니다. 일에 익숙해질 무렵에 뇌의 측좌핵이라는 부위에서 의욕을 관장하는 신경전달물질인 아세틸콜린이 분비되기 때문입니다. 게다가 할 수 있는 과제를 먼저 달성하면 성공 체험도 쌓입니다. 아세틸콜린이 분비되고 성공 체험이 쌓임에 따라 뒤로 미뤄둔 어려운 과제를 달성할 가능성도 커집니다.

그뿐 아니라 이러한 성공 체험은 아무리 작은 것이라도 '나는 할 수 있다'라는 자신감이 되기 때문에, 부정적 사고에 빠지는 일도 막아줍니다.

　참고로 '과제를 작게 나눠서 무리 없이 달성해간다'라는 방법은 스트레스 퇴치에도 사용할 수 있습니다. 큰 스트레스라도 작게 조각내면 하나씩 간단히 극복할 수 있을지도 모릅니다. 스트레스를 작게 조각낸다는 것은 스트레스의 전모를 객관적으로 파악하고, 스트레스를 만들어낸 문제점을 하나씩 세밀하게 분석하여 대응을 모색하는 일을 말합니다.

　예컨대 출근하기 싫어서 너무 스트레스 받는다면, 왜 가기 싫은지 객관적으로 분석합니다. 그럼으로써 '상사와 잘 안 맞는다', '업무량이 너무 많다', '매일의 피로가 풀리지 않는다' 등이 원인임을 알 수 있습니다.

　'상사와 잘 안 맞는다'라는 문제는 당장 해결하기 어려워 보이므로, 먼저 할 수 있을 것 같은 과제인 '매일의 피로가 풀리지 않는다'부터 해결하기로 합니다. 해결책으로는 충분한 수면 취하기, 마사지 받기, 좋은 음식 챙겨 먹기 등을 떠올릴 수 있습니다.

　이렇게 작게 조각낸 스트레스 중에서 쉬운 것부터 확실

하게 해결해나가면 성공 체험도 얻을 수 있습니다. 혹시 해결할 수 없는 과제가 남더라도 '어떻게든 될 거야'라고 긍정적으로 생각하게 될 겁니다.

'지금' 가능한 일에 먼저 집중하자.

겸손에도 선이 있다

이그노벨상Ig Nobel Prize을 아십니까? 사람들을 웃게 하고 동시에 생각하게 만드는 괴짜 연구에 주어지는 상입니다. 이 상은 노벨상의 패러디로 1991년에 제정됐습니다.

2022년 이그노벨 경제학상을 수상한 연구는 대단히 흥미로운 주제를 다루고 있습니다. 바로 '어째서 성공은 가장 재능 있는 사람이 아니라 가장 운 좋은 사람에게 돌아가는지에 대한 수학적 설명'이라는 연구입니다. 이 연구를 통해 '부자가 될 수 있는 사람은 우수한 사람이 아니라 운이 좋은 사람'이라는 것을 확인할 수 있었다고 합니다. 성공한 사람의 인터뷰 기사를 읽으면 '어쩌다 운이 좋았을 뿐입니다'라는 말을 자주 보는데, 정말 사실인지도 모르겠습니다.

이처럼 어떤 결과의 원인이 자기 능력이나 노력이 아닌 다른 데 있다는 사고방식을 '외적귀속'이라 합니다. 반대로 자기 능력이나 노력 덕분에 현재의 결과를 얻을 수 있었다는 생각은 '내적귀속'이라 합니다.

으레 성공했을 때는 내적귀속(자기 실력)으로 생각하고, 실패했을 때는 외적귀속(다른 사람이 발목을 잡았다)으로 생각하는 경향이 있습니다. 여러분도 아마 그런 경험이 있을 것입니다. 내적귀속은 남성보다 여성에게 많이 발견되고, 외적귀속은 남성에게서 흔히 보이는 사고방식이라는 특징도 있습니다.

두 사고방식 모두 장단점이 있습니다. 성공했을 때 '운이 좋았을 뿐이다', '협력이 있었기에 가능했다', '여러분 덕분이다'라고 외적귀속 방식으로 말하면 겸손한 사람이라는 인상을 주고 인망이 두터워집니다.

그러나 외적귀속 사고방식이 너무 극단적이면 자기 실력이나 재능을 전혀 믿지 못하게 되니 주의해야 합니다. 심한 경우 자기 능력은 모두 가짜이며 '나는 잘난 척하는 사기꾼이다'라고까지 생각하는 사람도 있습니다. 이런 사고

방식을 '임포스터 증후군^{impostor syndrome}' 또는 가면 증후
군이라 합니다.

이렇게 생각하면 얼마나 스트레스가 많겠습니까. 문제
는 가면 증후군에 시달리는 사람이 드물지 않다는 사실입
니다. 세상 사람 가운데 무려 70%가 한 번쯤은 이런 사고
방식에 사로잡힌다고 합니다. 할리우드 배우 제시카 알바
와 톰 행크스도 한때 그랬다고 하네요.

혹시 자신도 가면 증후군일지 모른다고 생각되면 몇 가
지 대책을 시도해보세요. 어떤 사람은 일이 성공하거나 만
족스러운 성과를 내면 맛있는 음식을 먹거나 갖고 싶었던
물건을 사서 스스로 보상합니다. 그것도 하나의 방법이지
만, 그 밖에도 자신을 온당하게 평가하는 방법이 있습니다.

먼저 '나는 재능이 있다'라고 스스로 되뇌면서, 그 증거
로 지금까지 거둔 성과들을 적어봅니다. 그리고 그 성과가
내 덕분이라는 증거를 나열합니다. 이때 본인이 거둔 성과
에 대해 '별것 아니다'라는 표현을 쓰지 않도록 주의하세
요. 겸손에도 넘지 말아야 할 선이 있다는 걸 기억합시다.

자기 능력을 과신하지 않고,
자기 매력을 과소평가하지 않는다.

의욕이 생기지 않을 때는 '한숨'을 쉬어라

의사라는 일을 하면서 가장 힘들 때는 반갑지 않은 정보를 환자에게 전달할 때입니다. 전달이 끝나면 대부분의 사람들은 고개를 숙이고 깊은 한숨을 내쉽니다. 그래서인지 개인적으로 한숨에는 그다지 좋은 이미지가 없습니다.

많은 사람이 저처럼 한숨을 부정적으로 생각합니다. 흔히 한숨을 쉬면 복이 달아난다고들 하죠. 하지만 한숨은 백해무익한 것이 아닙니다. 놀랍게도 한숨이 살아가는 데 필수불가결한 생리현상이라는 연구 결과가 있습니다. 우리는 거의 의식하지 못하지만, 스트레스를 전혀 느끼지 않을 때도 1시간에 10번 정도 한숨을 쉽니다. 이것은 한숨이 인간에게 없어서는 안 된다는 사실을 보여줍니다.

한숨의 필연성을 조사하기 위해 독일 아헨공과대학교 병원의 헤너 코흐Henner Koch 교수는 한숨을 쉴 수 없도록 유전자를 조작한 쥐의 생태를 조사했습니다. 그러자 모든 쥐의 폐에 심각한 문제가 발생했고, 죽음에 이른 쥐도 있었다고 합니다.

비단 쥐만의 사정일까요? 한숨은 환기량이 일반 호흡의 2배나 되기 때문에 폐를 최대한 확장할 수 있습니다. 그런데 한숨을 쉬지 않으면 폐포가 천천히 짓눌려 폐부전을 일으킨다고 합니다. 그래서일까요? 한숨을 잘 쉬지 못하는 신생아에게 돌연사가 많이 발생한다는 연구 결과도 있습니다. 한숨이 인간이 살아가는 데 필수 불가결하다는 점은 분명한 것 같습니다.

게다가 한숨에는 '의욕'이나 '인내력'을 높이는 효과도 있다는 사실이 밝혀졌습니다. 간사이대학교의 야마모토 유미山本佑実 씨 등의 연구에 따르면, 한숨을 쉬는 사람이 그렇지 않은 사람보다 어려운 퍼즐이나 단조로운 과제를 끈기 있게 계속했다고 합니다. 게다가 과제가 끝난 뒤에 '더 하고 싶다'는 강한 의욕을 보인 사람도 한숨을 쉰 그룹에 많았습니다.

지루한 일을 할 때 무의식중에 한숨을 쉬는 경우가 있습니다. 이것은 지루하거나 하기 싫다는 뜻이 아니라 실은 '힘내!', '포기하지 마'라고 스스로 격려하는 반응이었던 것입니다. 그러니 한숨 쉬는 자신을 발견해도 탓하지 말고 의식적으로 더 깊게 한숨을 쉬어보세요. 의식하며 내쉬는 한숨은 자연스러운 한숨보다 효과는 조금 떨어지지만, 분명히 의욕을 높여줄 것입니다.

그리고 앞으로는 일하거나 공부할 때 한숨 쉬는 사람을 보더라도 눈치 주지 맙시다. 그것은 의욕을 꺾어버리는 일이니까요. 그럴 때는 잠시 조용히 지켜봐 주세요.

억지로 신나는 척하니까 힘든 것이다.

포기가 아닌,
다음을 위한 '그만두기'

교세라의 창업자 이나모리 가즈오는 뛰어난 기술자이자 경영자였습니다. "실패란 없다", "도전하는 동안은 실패가 아니다. 포기했을 때가 실패다"라는 참으로 멋진, 그리고 대단히 냉정한 명언을 남겼습니다.

　대단히 냉정하다고 말한 이유가 있습니다. 대부분의 사람은 포기하지 않아도 성공을 손에 넣을 수 없기(실패하기) 때문입니다.

　비관적인 이야기를 하는 것 같아 미안하지만, 어린 시절의 꿈을 한번 떠올려 보세요. 우주비행사가 되고 싶다거나 대통령이 되고 싶다는 꿈들이 많지 않았습니까? 요즘은 유명한 유튜버가 되고 싶다는 꿈도 인기 있다고 하더군요.

그러나 꿈을 이루는 사람은 안타깝게도 많지 않습니다. 우주비행사를 예로 들어볼까요. 얼마 전 일본 우주항공연구개발기구(JAXA)가 13년 만에 우주비행사를 모집했습니다. 응모자가 무려 4,000명이 넘었는데, 그중 1차 시험을 통과한 사람은 50명뿐이었습니다. 최종 합격자는 몇 명 단위로 좁혀진다고 합니다. 결국 꿈을 이룰 수 있는 사람은 1,000분의 1 이하이고, 대부분은 '실패'하는 셈입니다.

실패한 사람에게 남겨진 선택지는 두 가지입니다. 하나는 계속 노력하는 것, 그리고 다른 하나는 포기하는 것입니다. '포기하지 마라', '포기하면 안 된다'라는 말을 들으며 자라온 우리에게 후자는 용기가 필요한 선택입니다. 그러나 때로는 '포기도 필요하다'는 말을 기억하시기 바랍니다.

물론 본인이 할 수 있는 만큼, 전력을 다해 노력하는 자세는 중요합니다. 그렇다면 언제까지 계속 노력해야 할까요? 포기해야 할 때는 언제일까요?

이는 인생을 좌우하는 대단히 어려운 문제입니다. 저는 그런 질문을 받으면 이런 말씀을 드립니다.

먼저 '포기한다'라는 표현을 쓰지 말자고 합니다. '포기한다'라는 표현에는 부정적인 이미지가 있습니다. 이 때문에 포기할 때가 온 것을 알면서도 놓지 못하는 사람이 많습니다. 그래서 저는 '포기한다'가 아니라 '그만둬야 할 때'라고 표현을 바꿔 사용하도록 조언합니다.

덧붙여 다음과 같이 생각하도록 권합니다.

① 가성비를 생각하자.

계속 노력하려면 지나치게 막대한 비용(돈뿐 아니라 시간과 인생 자체도 포함됩니다)이 필요한가요? 그렇다면 그만둬야 할 때임을 깨달아야 합니다. 그리고 자원(에너지와 재화)에 여유가 있을 때, 다른 목표에 그것을 사용합시다.

② 자신에게 이 목표가 여전히 중요한지 항상 검토하자.

시간이 지나면서 처음 세웠던 목표의 중요성이 점점 줄어들기도 합니다. 그런 목표에 언제까지나 집착할 필요는 없습니다. 가끔은 멈춰 서서 목표의 중요성을 재검토해 봅시다.

패배를 인정하면 강해질 수 있다.

가끔
응석을 부려도 된다

《이솝우화》의 〈신 포도〉 이야기, 많이들 아시죠. 배고픈 여우가 맛있어 보이는 포도를 발견했습니다. 여우는 뛰어올라 포도를 따려 했지만, 너무 높아 몇 번을 뛰어도 닿지 않았습니다. 기운이 빠져버린 여우는 "저 포도는 분명 시어서 맛이 없을 거야. 줘도 안 먹는다!"라며 다시 먹을 것을 찾기 시작했습니다.

이 이야기는 '합리화'라는 심리를 잘 보여줍니다. 정신이 심각한 충격을 받지 않도록 스트레스를 회피하거나 약화하기 위해 작용하는 방위기제가 합리화입니다. 합리화에 성공하면 이야기 속 여우처럼 불만이나 욕구가 해소되어 마음의 평안을 얻을 수 있습니다.

좋아하는 이성이 내게 관심을 보이지 않을 때 '저 사람은 보는 눈이 없다'라고 생각하거나, 입사하지 못한 기업을 '거기는 시대에 뒤떨어진 회사야. 안 들어가길 잘했지'라고 생각하는 것이 합리화의 전형적인 예입니다. 그런데 본인은 마음의 평안을 얻을지 몰라도, 주변 사람들에게는 억지처럼 들리기 쉽습니다.

합리화는 책임 전가에 이용되기도 합니다. 계약을 따내지 못한 게 직원 탓이라거나 아이가 비행 청소년이 된 것이 배우자 탓이라고 생각하는 경우를 쉽게 볼 수 있습니다. 본인은 이렇게 생각하고 스트레스를 회피하고 있지만, 주변에 좋은 인상은 주지 못합니다.

그래서 합리화는 바람직하지 않다는 인식이 따라다닙니다. 하지만 무리한 업무량을 계속 강요당한다든가 폭력에 시달리는 상황이 반복될 때는 이야기가 달라집니다. 이런 경우는 합리화를 통해 '학습된 무기력'에 빠지지 않을 수 있습니다.

학습된 무기력이란, 자신이 제어할 수 없는 스트레스 상황에 반복적으로 노출되다 보면 피할 기회가 와도 행동하지 않게 되는 심리 현상을 말합니다.

계속해서 부조리를 강요당할 때의 대응법은 크게 두 가지입니다. '참고 계속 따른다'와 '그 자리를 떠난다(퇴사나 이혼 등)'입니다. 부조리가 반복된다면 후자를 선택하는 것이 바람직합니다. 하지만 책임감이 강하거나 성실한 사람은 대부분 자기도 모르게 전자를 선택합니다. 그러다 결국 학습된 무기력에 빠져버리고 맙니다.

이런 경우일수록 합리화를 적극적으로 이용해야 합니다. 심리적 안정감을 고려하면 '저기는 블랙 기업이라서 그만두었다' 또는 '아무것도 못하게 되기 전에 이혼하길 잘했다'고 생각하며 스트레스의 원인에서 멀어지는 게 현명합니다.

주변에 이런 사람이 있다면 '더 잘할 수 있었다'라거나 '그만두지 않은 사람도 있다'는 식으로 비난하지 않도록 조심합시다. 학습된 무기력을 느껴본 적이 없는 사람이 종종 저지르는 실수인데, 이는 '생존자의 편견'일 뿐입니다. 생존자의 편견이란, 예를 들어 큰 사고가 일어났는데 생존자의 이야기만 듣고 '위험한 사고는 아니었다'라고 섣불리 단정하는 사고방식입니다.

생존자의 몇 배나 되는 사람이 희생됐고 그들은 이야기를 전할 수 없다는 사실을 기억한다면 함부로 말하는 잘못은 피할 수 있을 것입니다.

지나치게 '자기 탓'을 하지 말자.

6장

억누르지

않는다

불편한 마음을

해소하는 법

감정의 불을
억지로 끄지 마라

자라면서 '어른스러울 것'을 주입받는 유교문화권에서는 사람들 앞에서 감정을 드러내지 않는 것을 미덕이라 여깁니다. 이런 분위기 때문일까요? 가끔 '저 사람은 무슨 생각을 하는지 모르겠다'고 느끼게 되는 경우가 있습니다. 친구나 가족이 "사실은 그때 찬성해주길 바랐어"라거나 "그때 너무 슬펐어"라고 말해서 깜짝 놀랄 때도 있죠. '말하지 않아도 아는' 이심전심을 최고의 커뮤니케이션 경지로 여기기 때문에 이런 일이 일어나는 건지도 모릅니다. 하지만 초능력자도 아닌데 이심전심은 너무 어렵지 않습니까? 누군가 알아주길 바란다면 감정을 겉으로 드러내거나 생각을 말로 표현해야 합니다.

슬픔과 괴로움 같은 부정적 감정은 특히 표현하기 어렵습니다. 감정을 주체하지 못하는 나약한 사람처럼 보이고 싶지 않아서일 겁니다. 하지만 앞에서도 말씀드렸듯이 인간은 어느 정도 약점을 내보이는 사람에게 호감을 느낍니다. 그러니 슬픔이나 괴로움도 겉으로 드러내는 편이 좋습니다.

감정을 숨기고 있으면 몸과 마음의 건강에 상당한 악영향을 미친다는 연구 결과도 있습니다. 감정을 표현하지 않는다고 그 감정이 사라지지는 않기 때문입니다. 친한 친구에게 배신당했다고 가정합시다. 마음속에서는 괴로움과 슬픔 그리고 분노가 휘몰아칩니다. 그런데 이를 표현하지 않는다면 문제에 대처하지 않는 것과 다름없습니다. 대처하지 않으면 스트레스만 거대해지고 내 마음만 병들 뿐입니다.

하버드 공중보건대학원과 로체스터대학교의 연구에 따르면 감정을 억제했을 때 조기 사망 가능성이 30% 이상, 암 진단을 받을 위험도 70%나 증가한다는 결과가 나왔습니다. 아무리 감정을 다스리는 것이 미덕이라 해도, 사망률이나 암에 걸릴 위험이 커진다면 이런 사고방식은 지양해야 합니다. 우리는 더 적극적으로 희로애락을 표현할 필요가 있습니다.

지금 느끼는 감정을 받아들이고, 원인을 파악하고, 마음속에서 설명하기만 해도 소리 내서 말하는 것과 비슷한 스트레스 발산 효과가 있습니다. 배신당한 괴로움과 슬픔을 느낀다면 '나는 지금 고통받고 있다. 친한 친구라고 생각했던 사람에게 배신당했으니 괴로운 게 당연하다'라고 마음속에서 정리해보는 것도 좋은 방법입니다.

세상 사람들이 어떻게 생각하는지
너무 신경 쓰지 말자.

숨기지 않는다,
속이지 않는다,
괜찮은 척하지 않는다

일본은 자살자가 많은 것으로 유명합니다. 그나마 다행인 것은 자살률이 가장 높았던 때와 비교하면 절반 수준으로 줄었다는 사실입니다. 코로나 팬데믹이라는 힘든 시기에도 자살자 수는 증가하지 않았습니다. 전화로 자살자의 마음을 돌리게 하는 자원봉사 활동이 효과를 보고 있다고 생각합니다.

죽으려던 마음을 전화로 돌려놓는다고 하면 '죽으면 안 돼!'라거나 '남겨질 사람을 생각하세요'라고 설득하는 모습을 상상할지도 모릅니다. 하지만 전화상담은 십중팔구 그

177

저 상대방의 이야기를 차분히 들어줄 뿐입니다.

이야기를 들어주는 것만으로 자살을 단념시킬 수 있다니, 믿기 어려우신가요? 여기에는 '카타르시스 효과'가 작용하고 있습니다. 가슴속 불만이나 불안을 털어놓으면 속이 후련해지고 스트레스가 해소된다는 심리 현상입니다.

카타르시스 효과를 처음 치료에 사용한 사람은 요제프 브로이어Joseph Breuer라는 정신과 전문의입니다. '컵에 든 물을 마실 수 없다'라는 특이한 증상을 보이는 여성이 있었습니다. 브로이어가 이야기에 차분히 귀를 기울이자, 여성은 이렇게 말했습니다. "옛날에 정말 싫어했던 가정교사가 개에게 컵으로 물을 주는 것을 보고 혐오스럽다고 느꼈어요." 이야기를 털어놓은 직후 이 여성에게는 컵에 든 물을 마실 수 있게 되는 극적인 변화가 일어났습니다.

프로이트는 이 이야기를 듣고 '무의식 속에 억눌려 있던 기억과 감정을 다시 꺼내 확인하면 증상이 사라진다'라고 판단했습니다. 그리고 이를 환자 치료에 이용하기 시작했습니다.

카타르시스 효과는 이렇듯 매우 강력한 심리작용입니다. 특히 불안이나 두려움으로 스트레스를 받을 때 효과적으로 이용할 수 있습니다.

원칙적으로는 전문 지식을 갖춘 상담사나 저 같은 정신과 전문의에게 이야기하는 것이 바람직합니다. 그러나 아직도 정신과 방문에 거부감을 느끼는 사람이 많습니다. 전문가에게 상담받을 정도는 아니라고 회피하는 사람도 있습니다. 그럴 때는 가까운 여성분에게 이야기하면 불안이나 두려움을 누그러뜨리거나 없앨 수 있습니다.

　'왜 여자야? 남자는 안 돼?'라는 의문이 들 겁니다. 그 이유는 공감 능력의 차이 때문입니다. 일반적으로 남성보다 여성의 공감 능력이 더 높습니다. 여성은 불안이나 두려움에 관한 이야기도 공감하며 들어주기 때문에 카타르시스 효과가 더 커집니다. 반면 남성들은 대부분 이야기를 끝까지 듣지 못하고 '그런 바보 같은 소리나 하고!' 등의 부정적 대응을 보이기 쉽습니다. 이래서야 카타르시스 효과를 기대할 수 없죠. 그러니 이런 이야기는 여성분과 나누시길 추천합니다.

사람들에게 '나약한 나'를 보여줘도 괜찮다.

불안을 해소하는
나만의 '의식'을 만들자

선거 캠페인이 시작되면 뉴스에서 정치인이 유권자와 악수하는 장면을 자주 볼 수 있습니다. 이것은 유권자에게 좋은 인상을 주기 위한 전략입니다. 정치권에 '악수 한 번은 한 표'라는 말이 있을 정도라고 합니다.

이 전략은 심리학적으로도 근거가 있습니다. 신체적 접촉은 상대방의 긴장과 불안감을 줄여주고 동시에 공감과 친밀감, 심지어 애정까지도 얻을 수 있다고 합니다.

실제로 어떤 의원은 중요한 교섭이나 결단을 재촉할 때면 자주 상대방의 무릎을 쓰다듬거나 몸을 살짝 흔들었다고 합니다. 그러면 그때까지 완고했던 사람도 갑자기 태도가 부드러워졌다고 합니다. 이것도 접촉을 통해서 공감과 친밀감을 느낀 상대방이 '태도를 누그러뜨려도 되겠지?' 또는 '그만 반대해야지'라고 생각하게 된 예라고 볼 수 있습니다. 참고로 이 의원은 나중에 내각총리대신 자리까지 올라갔습니다. 그 또한 접촉 덕분일지도 모르겠네요.

그런데 코로나19 사태로 인간관계의 거리감에 큰 변화가 일어났습니다. 예전에는 친구나 지인을 발견하면 다가가서 '와, 오랜만이야'라거나 '요즘 어때요?' 같은 인사를 건넸습니다. 서로의 어깨를 두드리거나 악수를 하기도 하면서요. 하지만 코로나19 사태 이후, 감염에 대한 공포 때문에 사람들은 타인과 거리를 두기 시작했습니다. 오랜만에 마주친 친구라도 멀리서 가볍게 인사를 주고받는 정도가 되었고, 누가 갑자기 말을 걸면 깜짝 놀라는 일도 많아졌습니다. 악수 같은 신체접촉은 당연히 생각하지도 못합니다.

이렇게 대인관계가 소원해지면 사람들은 불안감을 느끼고 강한 스트레스를 받습니다. 2022년 닛세이기초연구소의 조사에 따르면, '코로나19 사태로 친구나 지인과의 사이가 멀어지는 것에 불안감을 느낀다'라고 대답한 사람의 비율은 30%가 넘는다고 합니다. 불안한 인간관계로 인한 스트레스는 생각보다 훨씬 큰 듯합니다. 매사추세츠대학 노년학부의 제프리 바Jeffrey Barr 교수도 이렇게 지적합니다. "고립이나 고독감은 인간을 정신적으로 몰아갈 뿐 아니라 신체에도 악영향을 미친다. 심장병이나 뇌졸중, 치매의 위험이 30% 이상 상승할 수 있다."

누구라도 최대한 빨리 이런 불안감에서 탈출하고 싶을 겁니다. 이때 필요한 게 바로 접촉의 응용입니다. 불안해지면 무의식중에 팔짱을 끼거나 머리카락을 만지고 턱을 괴는 등 자기 몸을 만지는 행동을 합니다. 이를 '자기 친밀 행동'이라고 하며, 의식적으로 이런 행동을 하면 불안이라는 스트레스가 상당히 해소됩니다. 하지만 사람들 앞에서는 주의할 필요가 있습니다. 노골적인 자기 친밀 행동은 오히려 나의 불안을 주변 사람들이 알아차리게 하기 때문입니다. 특히 일 관계자나 친구 앞에서 이런 행동을 보이면 그 사람의 이미지나 평가가 낮아지기 십상입니다.

그 대신 애착 물건을 움켜쥐는 행위를 추천합니다. 영화를 보다 보면 불안에 휩싸인 등장인물이 습관처럼 목걸이의 십자가나 묵주를 만지는 장면이 종종 나옵니다. 이렇게 애착 물건을 통해 불안감을 해소할 수 있습니다.

아일랜드에는 예로부터 어린아이의 주머니에 복슬복슬

한 산토끼 꼬리를 넣어두는 전통이 있습니다. 아마도 아일랜드 사람들은 촉감이 좋은 물건을 만지면 마음이 안정된다는 사실을 경험으로 알고 있었던 것 같습니다. 물론 어린아이만 그런 것은 아닙니다. 이것은 인간 심리에 뿌리를 둔 반응이어서 누구에게나 효과가 있습니다.

모피나 부드러운 울로 만들어진 열쇠고리 등을 주머니에 넣어두고 불안감을 느낄 때마다 손을 넣어 부드러운 감촉을 확인해보면 어떨까요? 아마 불안을 상당 부분 없앨 수 있을 것입니다.

'안심'은 생각지도 못한 곳에서 찾을 수 있다.

저주의 말 대신
긍정의 주문을 걸자

앞에서 '초기 부적응적 스키마'에 대해 설명했습니다. 어린 시절 형성되어 바람직하지 않은 반응을 불러일으키는 스키마라고 했죠. 이 스키마가 만들어지는 원인 중 하나는 3장에서 다룬 '저주의 말'입니다.

앞서 언급했듯이 저주의 말은 대부분 무의식적으로, 심지어 좋은 의도로 만들어집니다. 어릴 때 누구나 한 번쯤 부모님께 "얌전히 있으면 과자 사줄게"라든가 "성적이 오르면 게임기 사줄게"라는 말을 들은 적이 있을 것입니다. 그러나 이 말은 자칫하면 '얌전히 있지 않으면 혼나겠지',

'성적이 안 오르면 어쩌지? 게임기도 못 받고 혼날 거야'라는 생각으로 이어지는 '저주의 말'이 되어 버립니다.

특히 일본에는 저주의 말에 노출된 사람이 많아 보입니다. 2014년 일본의 국립청소년교육진흥기구가 한국, 일본, 미국, 중국을 대상으로 실시한 '고등학생의 생활과 의식에 관한 조사'를 통해서도 유추할 수 있습니다. 해당 조사에서 '나는 쓸모없는 인간이라고 생각한 적이 있다'라고 대답한 고교생의 비율은 일본이 가장 높은 72.5%였습니다. 미국 고등학생은 45.1%, 한국은 35.2%에 그쳤습니다. 게다가 '내 희망은 언젠가 이루어질 것이다'라고 대답한 고등학생의 비율도 일본이 67.8%로 가장 낮았고, 미국은 83.9%, 한국은 82.6%였습니다. 일본 사회에 저주의 말에 노출된 사람이 그만큼 많다는 사실이겠죠.

저주의 말 때문에 잃어버린 마음의 활력을 되찾으려면 어떻게 해야 할까요? 아들러 심리학에서는 '응원'이 중요하다고 말합니다. 여기서 말하는 응원은 일반적인 의미의 격려나 후원이 아니라 '어려움을 극복하는 활력을 주는 일'입니다. 바꿔 말하면 자기긍정감 높이기라 할 수 있습니다. 최근 많이 사용되는 단어인 자기긍정감은 '자신에게 가치나 능력이 있다고 믿는 심리'입니다. 이를 높이는 데 효과적인 방법이 바로 자신에게 긍정적 표현을 사용하는 것입니다.

저는 후배 의사나 간호사들에게 "할 수 있다, 괜찮다는 말을 잊지 말아라"라고 자주 이야기하는데, 이것도 같은 맥락입니다. 그 밖에도 '잘될 거야', '순조롭게 진행되고 있어'라고 되뇌고, 위기에 빠졌을 때는 '틀림없이 누군가 도와줄 거야'라며 긍정적 사고를 일깨웁니다.

그리고 또 하나, 모든 일을 가점법으로 생각하는 습관도 '응원'이 됩니다. 운전면허의 벌점처럼 사회 전반에는 감점법이 많습니다. 하지만 나에게만큼은 가점법으로 응원해줍시다. 실망스러운 하루라도 '완전히 망친 건 아니야'라거나 '조금은 성장했어'라고 자신에게 점수를 주는 것입니다. 발명가 토머스 에디슨은 "실패한 게 아니다. 안 되는 새로운 방법을 발견한 것뿐이다"라는 명언을 남겼습니다. 이런 긍정적 사고방식이 우리에게도 필요합니다.

마지막으로 자녀에게 '저주'를 걸지 않으려면 어떤 말로 응원해야 하는지 알려드리겠습니다.

아들러 심리학에 따르면 '결과를 칭찬하는 것이 아니라 결과에 이르는 과정이나 노력한 아이의 기분에 공감한다'

라는 게 핵심입니다. 막연하고 어렵게 느껴질 수 있지만, 긍정적인 마음을 말로 전달하면 됩니다. 높은 시험 점수를 받아 온 아이에게는 "좋은 성적을 받았으니 상으로 게임기를 사줄게"가 아니라 "와, 좋겠다. 나도 기분 좋아"라고 말해주세요.

긍정적인 암시를 많이 모아두자.

화가 치밀어 오를 땐
화장실로 뛰어 들어가라

"요즘 사소한 일에도 화가 치밀어 올라 곤란합니다. 화를 내고 나서는 크게 후회하고요. 이런 일이 반복되니 주위 사람들도 냉담해지고 스트레스를 받아요. 어떻게 해결해야 할까요?"

최근에 이런 상담을 자주 받습니다. 흔히 말하는 '버럭이'들입니다. 당장은 큰 문제가 아니라 해도 상대방을 들이받거나 소리를 지르기 시작하면 가볍게 볼 수 없는 문제입니다.

저는 이렇게 조언합니다. "화가 치밀어 오르면 즉시 그

자리를 떠나세요. 화장실로 뛰어 들어가 심호흡을 하세요."
이 말을 들으면 대부분 어리둥절한 표정을 짓습니다. 하지만 이 방법은 의학적으로도 타당합니다.

분노는 대뇌변연계라는 부위에서 발생합니다. 동물에게도 존재하는 원시적인 부위로 '오래된 뇌'라고도 불리는데, 재빠른 반응속도가 특징입니다. 반면 분노를 억제하는 전두엽은 지능과 인격, 이성, 언어 등을 관장하는 대단히 복잡한 구조의 부위로, 기능하기까지 시간이 걸립니다. 그래서 전두엽이 제대로 기능할 때까지 시간을 벌기 위해 화장실로 달려가라는 뜻입니다. 그뿐 아니라 심호흡을 하면 뇌에 많은 양의 산소가 공급되어 전두엽이 활성화되기 때문에 분노를 조절하기 쉬워집니다. 게다가 화장실에 가면 분노의 대상에게서 벗어날 수 있어 조금은 마음이 진정될 수 있습니다.

저는 이것을 '화장실 도피법'이라고 부릅니다. 이 방법은 '괴롭다', '힘들다', '불안하다' 등의 부정적 감정을 느낄 때도 큰 효과를 발휘합니다. 전두엽의 기능을 높여주기도 하지만, 화장실 자체에 사람의 마음을 진정시키고 평온하게 해주는 놀라운 기능이 있기 때문입니다.

반려동물을 길러본 사람이라면 알겠지만, 동물은 방구

석이나 물건 틈새에 숨으려고 합니다. 넓은 공간보다 좁은 공간에서 안정감을 느끼기 때문입니다. 인간도 예외는 아닙니다. 화장실은 적당히 좁고, 3면이 벽으로 막혀 있는 데다 나머지 한 면도 잠금쇠 달린 문으로 닫혀 있어 수비에 최적화된 공간입니다. 게다가 앉기 좋은 좌변기까지 있으니 마음이 침착하고 평온해지는 것은 당연한 일입니다.

그러니 화가 날 때는 화장실 마법을 체험해보시길 바랍니다.

잠시 자리를 피하면 화는 가라앉는다.

분노에 가려진
진짜 감정에 집중하자

"바로 ○○에게 연락해!", "빨리 방을 치우렴!"

이렇게 말해도 상대방이 좀처럼 움직이지 않는 경우가 있습니다. 바로 하지 않는 것에 화가 나서 결국 참지 못하고 호통을 치는 사람도 있고, 분노를 억누르고 '내가 참지'라며 아무 말도 하지 않는 사람도 있습니다.

분노나 괘씸함은 인간이라면 누구나 느끼는 감정입니다. 그러나 분노를 '호통'이라는 공격적인 표현으로 드러내면, 호통을 치는 쪽이나 듣는 쪽 모두 큰 스트레스를 받게 됩니다. 그런데 또 어떤 연구 결과에서는 분노를 억누르면

호통을 치는 것보다 스트레스가 더 커져 수명을 단축시킨
다고 합니다.

그렇다면 스트레스 없이 분노를 처리하려면 어떻게 해
야 할까요? 저는 다음과 같은 대응을 추천합니다.

분노를 느끼면 먼저 그 원인을 찾습니다. 심리학자 알
프레드 아들러는 "분노는 이차적 감정이다"라고 했습니다.
일차적 감정(분노의 원인)이 생겼기 때문에 분노를 느낀다는
것입니다. 분노의 원인을 따져보면 '슬프다', '외롭다', '아쉽
다' 등 분노와는 전혀 다른 감정인 경우도 많습니다.

이런 감정들이 분노의 원인임을 깨달으면 다음으로 '어
서티브assertive' 커뮤니케이션을 시도합니다. 이는 '자기주
장을 하면서 상대방도 배려하는 전달방식'입니다.

상대방에게 '왜 바로 해주지 않는 거야!'라고 분노를 느
꼈다고 해보죠. 객관적으로 보면 그것은 결국 본인의 사고
방식입니다. 본인의 사고방식을 남에게 강요하기 때문에
양쪽 모두 스트레스를 받는 것입니다. 스트레스를 없애기
위해서는 서로의 타협점을 찾으려고 노력해야 합니다.

"바로 ○○에게 연락해!"라고 했는데 상대방이 좀처럼
움직이지 않을 때의 감정도 살펴봅시다. 이때 느낀 분노의
일차적 감정은 '유감스럽다'에 가깝지 않을까요? 이럴 때는

"분명 먼저 해야 할 일이 있었겠지만, 당신이 바로 연락하지 않아서 대단히 유감스럽습니다"라고 전달하면 됩니다.

아이에게 "빨리 방을 치우렴!"이라고 말했는데 정리를 시작하지 않을 때는 어떨까요? 이때 느낀 분노의 일차적 감정은 '당황스럽다'일 수도 있습니다. 이런 경우에는 "너도 생각이 있었겠지만, 내 말을 듣지 않아서 당황했어"라고 표현합시다.

그러면 상대방은 호통을 쳤을 때보다 당신의 마음을 솔직하게 받아들이고, 당신도 생각을 분명히 전달했기 때문에 스트레스가 남지 않습니다.

'느낀 그대로' 말하기 때문에 불화가 생긴다.

천천히 말하면
'쓸데없는 한마디'를
막을 수 있다

경제협력개발기구(OECD)의 자료에 따르면 이른바 선진국 중에서 1일 식사 시간이 가장 짧은 나라는 미국으로, 61분이라고 합니다. 평균적으로 한 끼에 22분이 조금 넘는 정도입니다. 식사 시간이 가장 긴 나라는 모두의 예상대로 프랑스입니다. 자그마치 131분으로, 미국의 2배 이상의 시간을 들여 식사를 합니다. 일본은 어떨까요? 평균 95분으로 한 끼에 32분이 채 되지 않습니다. 그나마 일하는 사람 중에는 이 절반도 안 되는 시간에 아침과 점심을 해결하는 사람이 많을 것입니다.

서둘러 음식을 먹으면 뇌의 반응이 그 속도를 따라가지 못합니다. 뇌에서 '배가 부르다'는 신호가 나오지 않아 실제로는 배가 찼지만, 포만감을 느끼지 못하기 때문에 과식하게 됩니다.

말하는 방식도 마찬가지입니다. 빠른 속도로 말하면 뇌 기능이 따라가지 못한 채 '분위기에 휩쓸려' 이야기하는 상황이 됩니다. 뇌가 발언을 완전히 통제하지 못하는 상태에서 말하면 안 되는 것을 엉겁결에 해버릴 위험도 있죠. '말실수'나 '쓸데없는 한마디'가 이렇게 생겨납니다.

입 밖에 낸 말은 주워 담을 수 없습니다. 그렇게 흘러나온 쓸데없는 한마디 때문에 인간관계나 일이 어그러질 수도 있습니다. 그야말로 입이 원수죠. 게다가 말이 빠른 사람은 신경질적이고 자신감이 부족하다는 인상을 주기 쉬워 '저 사람이 하는 이야기는 중요하지 않다'라는 판단을 내리게 합니다. 이 또한 당사자에게 큰 스트레스가 됩니다.

그래서 '말하기 전에 생각하는' 습관이 중요합니다. 당연한 얘기 같지만, 특히 감정이 고조된 상태에서는 좀처럼 이렇게 행동하기 어려운 게 인간입니다. 그래서 더 감정적으로 대처하기도 합니다.

때로는 말하기 전에 냉정하게 생각할 수 없는 경우도 있습니다. 그럴 때를 대비해서 뇌의 반응속도를 추월하는 '말의 속도위반'만은 저지르지 않도록 미리 주의합시다. 중요한 이야기를 할 때의 속도는 대략 1분간 400자 정도가 기준입니다. 다시 말해 200자 원고지 2장을 1분에 읽는 속도보다 빠르게 말하지 않도록 조심합시다.

속도를 실감하려면 지금 스마트폰의 스톱워치를 켜고 400자를 읽어보세요. '너무 느린데?' 또는 '이렇게 천천히 말해도 괜찮을까?'라고 느낄 수도 있습니다. 하지만 걱정하지 마세요. 침착하게 말하는 습관이 지적이고 논리적인 사고의 소유자라는 인상을 줄 수도 있습니다. 말에 설득력도 더해지고요.

단, 천천히 말하더라도 '에… 저… 또…' 같은 무의미한 말은 사용하지 마세요. 이런 표현은 빠른 속도로 말하는 것과 마찬가지로 상대방에게 '자신감 부족'이라는 인상을 줄 수 있습니다.

말의 속도가 빨라졌다면 잠시 한 박자 쉬어가자.

이해를 강요할수록
아무도 이해해주지 않는다

전화하는 일을 깜빡했다든가, 이야기를 제대로 듣지 않았다는 사소한 오해나 갈등 때문에 지인과의 관계가 틀어지는 경우가 있습니다. 그러면 '역시 오래된 친구들과는 다르구나. 소꿉친구 ○○이라면 이렇게 되지 않았을 텐데'라고 생각할 수도 있습니다.

하지만 그렇지 않습니다. 미국의 사회심리학자 무자퍼 셰리프Muzafer Sherif 박사는 이렇게 말합니다. "친한 상대일수록 그렇지 않은 상대보다 허용되는 범위가 좁아지고, 허용할 수 없는 범위는 넓어진다."

'사회 판단 이론'이라는 심리 때문입니다. 별로 친하지 않은 이와 어떤 약속을 했다고 가정합시다. 친하지 않은 사람과의 약속에 엄청난 기대를 하는 경우는 별로 없죠. 그래서 설령 그 사람이 약속을 지키지 않더라도 '사정이 있겠지'라거나 '역시 그렇지 뭐' 하고 맙니다. 약속 자체도 금방 잊어버립니다.

그런데 똑같은 약속을 친한 친구와 했다면 어떤가요? 아마 상당히 기대가 클 것입니다. 그럴수록 상대가 약속을 지키지 않으면 실망과 불만, 강한 분노를 느낍니다. "뭐 하는 거야!"라고 화를 낼지도 모릅니다. 친할수록 상대방을 본인의 인격이나 사고와 동일시하는 경향이 있기 때문입니다. 친한 상대에게는 '나를 이해해주는 것이 당연하다'라고 기대하기 때문에 일어나는 현상입니다.

즉 친한 사이일수록 오해가 생기거나 감정적인 문제가 일어나기는 더 쉽습니다.

부모와 자식, 형제자매 같은 혈연관계가 그렇습니다. 피는 물보다 진하다고들 하지만, 유대가 강한 만큼 오해나 문제도 커지기 쉽습니다. 경영권을 놓고 싸우는 부모 자식이나 형제들의 이야기만 봐도 알 수 있죠. 게다가 가까운 관계에서 발생한 문제는 그렇지 않은 사람과의 문제보다 더 큰 스트레스를 줍니다.

친한 사이나 친족 이외에도 다음과 같은 사람들과는 오해나 문제가 발생하기 쉬우므로 주의하세요.

① 나보다 사회적 지위가 높지만, 능력이 떨어지는 사람

'나보다 부족한 주제에 잘난 척이나 하고!'라는 생각이 마음속 깊이 깔려 있어서 문제가 생기기 쉽습니다.

② 나와 실력이 비슷한 사람

무의식적으로 경쟁자로 인식하기 때문에 사소한 일로도 충돌할 수 있습니다.

③ 나를 닮은 사람

나를 닮은 사람이라면 '무의식적으로 느껴지는 나의 싫은 부분'이 보여서 부정적 감정이 생길 수 있습니다. 심리학자 칼 구스타프 융은 이 감정에 '그림자'라는 이름을 붙였습니다.

큰 스트레스를 짊어지지 않기 위해 우리가 명심할 것이 있습니다. 친한 사이에도 지켜야 할 예의가 있다는 점입니

다. 친하다고 해서 '이해해주는 게 당연하다', '이 정도는 이해하겠지'라고 생각해서는 안 됩니다. 친할수록 다른 사람보다 더 신경 쓰고 배려해야 합니다.

인간관계에서 당연한 것은 없다.

괴로움에서 벗어나는
리추얼이 있는가?

1장에서 스트레스에 대처하는 방법으로 '문제 초점형 코핑'과 '정동 초점형 코핑'을 소개했습니다. 이 밖에도 적극적 대처법인 '기분 전환형 코핑'이라는 것이 있습니다. 거리 산책하기, 친구와 대화하기, 노래방 즐기기, 쇼핑하기, 운동으로 땀 흘리기 등 자신이 좋아하는 일을 하면서 스트레스를 해소하는 것이 기분 전환형 코핑입니다.

기분 전환이라는 단어 때문에 '스트레스가 해소되는 것은 기분 때문'이라고 느낄 수도 있습니다. 그러나 기분 전환형 코핑은 사고를 당하거나 소중한 사람과 헤어지는 등의 강력한 스트레스 요인이 발생했을 때도 우울증에 빠지는 것을 막을 수 있습니다.

하지만 강력한 스트레스 요인이 발생한 뒤에는 기분 전환 행동을 찾기가 쉽지 않습니다. 그래서 스트레스로 마음의 병을 앓지 않으려면 평소에 나만의 기분 전환 행동을 만들어두는 편이 좋습니다. 다만 음주나 도박은 또 다른 스트레스의 원인이 되므로 피하시고요.

무엇이 기분 전환 행동인지는 사람마다 다릅니다. 친구가 "기분 전환이 되니까 테니스라도 치지 않을래?"라고 권유해도, 테니스로 당신의 기분이 전환된다고 장담할 수 없습니다.

나에게는 어떤 기분 전환이 적합할까요? 다음에서 당신에게 해당하는 항목을 골라보세요.

☐ 은퇴 따위는 하고 싶지 않다.

☐ 사생활보다 일을 우선하는 경우가 많다.

☐ 잔업이나 휴일 출근은 힘들지 않다.

☐ 사실 '나는 우수하다'라고 생각한다.

☐ 여럿이 함께 걷다 보면 어느새 맨 앞에 서 있다.

☐ 길게 줄을 선 가게에는 절대 들어가지 않는다.

□ 나는 지기 싫어하는 성격이라고 생각한다.

□ 나는 감정의 기복이나 진폭이 크다고 생각한다.

□ 내 뜻대로 되지 않으면 화가 난다.

5개 이상 해당하면 'A 유형'의 성격 경향이 강하다고 할 수 있습니다. A 유형은 상승 지향이 강하고, 다른 사람과의 경쟁에서 기쁨을 느끼며, 시간에 쫓기지 않으면 마음이 안정되지 않는 사람입니다. 이런 유형은 기분 전환으로 골프나 테니스처럼 승패가 확실한 운동을 선호합니다. 하지만 사실 개인전으로 승부를 내는 종목은 바람직하지 않습니다. 승부에서 지면 화를 내기 쉬워서 오히려 스트레스가 쌓이기 때문입니다. 그보다는 개인의 책임이 확실하게 드러나지 않는 야구나 배구 같은 단체 운동으로 땀을 흘리는 편이 좋습니다. 게임센터에 가는 것도 효과가 있습니다. 음악에 맞춰 스텝을 밟는 댄스 게임이나 펀칭 게임, 두더지 잡기 등을 하면 기분이 상쾌해질 것입니다.

해당 항목이 4개 이하라면 투쟁심이 그다지 강하지 않은 B 유형입니다. 이들에게는 여유로운 여행이나 마사지, 클래식 공연 관람, 공원이나 카페에서 독서하기처럼 조용히 혼자 즐길 수 있는 기분 전환을 추천합니다. 혹시 운동으로 스트레스를 발산하고 싶다면 조깅이나 웨이트트레이닝처럼 승패가 없는 수련형 종목을 선택합니다. 요가도 좋은 방법입니다. 요가는 자율신경 기능을 조율해주는 효과가 있어 느긋한 마음으로 스트레스를 발산할 수 있습니다.

내게 맞는 방식으로 마음을 쉬게 하자.

잘 자고 싶으면
스마트폰부터 내려놓아라

스마트폰의 원조 격인 아이폰이 출시된 것이 2007년 1월 이었습니다. 벌써 10년도 훨씬 이전의 일이죠. 현재는 어린아이부터 어르신까지 남녀노소 누구나 사용하고 있습니다. 현대인의 가장 중요한 생활필수품이 되어 사용 시간도 꾸준히 늘고 있습니다. 하루에 10시간 이상 사용하는 사람도 있다고 하니 놀라울 뿐입니다.

　물론 저도 이런저런 용도로 스마트폰을 사용하지만, 자기 전에는 하지 않도록 노력하고 있습니다. 자기 전에 스마트폰을 사용하면 질 좋은 수면을 취할 수 없기 때문입니다.

스마트폰이 수면장애를 일으키는 원인에는 여러 가설이 있습니다. 스마트폰 화면의 밝기로 뇌가 각성한다거나 블루라이트에 노출되고 대량의 정보가 뇌로 흘러들기 때문이라는 말도 있습니다. 스마트폰으로 메일을 한 통 확인하면 뇌에는 에스프레소 커피를 2잔 마신 것과 같은 각성 효과가 있다는 연구 결과도 있으니, 스마트폰의 영향은 실로 막대하다고 할 수 있습니다.

우리는 온종일 스트레스에 노출되어 있습니다. 잠자리에 들기 전의 뇌는 완전히 지친 상태입니다. 뇌의 피로는 스트레스 내성을 약화시킵니다. 그러므로 숙면을 취해 밤사이 뇌의 피로를 충분히 풀어주어야 합니다. 뇌의 피로가 제대로 풀리지 않은 상태로 다음 날을 맞이하면 스트레스 내성이 점점 약해져 사소한 일에도 스트레스를 받을 수 있습니다.

뇌의 피로를 푸는 방법은 양질의 수면뿐입니다. 뇌가 잠들 준비를 시작한다고 알려진 취침 2시간 전부터, 예컨대 자정에 잠자리에 드는 습관이 있다면 오후 10시 이후에는 스마트폰 화면을 보지 않는 편이 좋습니다.

이외에도 양질의 수면을 취할 수 있는 팁이 있습니다.

① 숙면 영역을 만든다.

일본수면과학연구소에 따르면 양질의 수면을 실현하는 '숙면 영역'은 이불 속 온도가 체온보다 조금 낮은 33도 안팎이라고 합니다. 이런 환경을 만들려면 실내온도를 여름에는 25~26도, 겨울에는 22~23도, 습도는 50~60%로 유지하는 것이 좋습니다.

② 방을 완전히 깜깜하게 만들지 않는다.

완전히 깜깜한 방에서 잠 자는 사람의 뇌파를 측정한 연구가 있는데, 의외로 숙면하지 못한다는 결과를 얻었습니다. 그에 비해 수면등을 켜고 자는 사람의 뇌파는 푹 자고 있는 상태로 나왔습니다. 은은한 불을 켜고 자는 쪽이 양질의 수면에 좋습니다.

③ 방음에 지나치게 신경 쓰지 않는다.

어둠과 마찬가지로 완벽한 정적에서는 양질의 수면을 취할 수 없습니다. 완벽한 정적은 오히려 뇌의 긴장을 촉진합니다. 일반적으로 잠들 때 가장 적합한 소리는 40데시벨 정도로, 도서관 내부나 조용한 주택가의 낮 시간대 소리가 들리는 환경입니다.

④ 잠들기 의식을 치른다.

자기 전에는 반드시 화장실에 가거나, 베개를 팡팡 두드리고 침대에 눕거나, 무조건 옆으로 눕는 것처럼 잠자리에 들기 직전에 하는 행동이 '잠들기 의식'입니다. 스트레스가 조금만 있어도 잠들지 못하는 사람은 잠들기 의식이 없는 경우가 많습니다. 스트레스가 수면에 영향을 주는 것 같다면 의식적으로 자신만의 잠들기 의식을 만들어보세요.

⑤ 잠이 오지 않을 때는 바디필로우를 사용한다.

바디필로우는 길쭉한 모양의 베개로 최근 이것을 사용하는 사람이 많습니다. 바디필로우를 안고 자는 자세는 '심스 체위'라고 불립니다. 태아가 어머니의 배 속에 있을 때와 비슷해서, 마음이 가장 편안해지는 자세로 알려져 있습니다. 큰 스트레스로 잠이 오지 않을 때 바디필로우를 사용하면 안정 효과로 스트레스를 해소할 수 있습니다.

⑥ 단전을 손으로 따뜻하게 덥힌다.

발이 시려 잠을 못 잔다는 사람이 제법 많습니다. 이런 고민이 있다면 배꼽 아래 약 5센티미터 정도 되는 지점을 손으로 따뜻하게 덥혀주세요. 이곳이 '단전'인데, 따뜻하게 덥히면 온몸의 혈액순환이 좋아집니다. 핫팩 등을 사용하면 저온화상을 입을 위험이 있으니 손으로 따뜻하게 덥혀주세요.

숙면은 뇌를 쉬게 하는 가장 좋은 방법이다.

7장

신경 쓰지

않는다

그렇게 조바심 내지

않아도 된다

걱정하는 일은
대부분 일어나지 않는다

'노파심'이라는 말이 있습니다. 원래는 불교 용어로 '지나치게 이것저것 신경 쓰거나 걱정하는 마음'이라는 뜻입니다.

걱정이 지나친 사람들이 있죠. 너무 성실해서든, 걱정을 달고 사는 성격이어서든 말입니다. 최근 세계 곳곳에 지진과 태풍 등 전례 없는 자연재해가 닥치고 있습니다. 자연재해 소식을 들으면 '다음에는 내 차례가 아닐까?'라는 걱정이 드는 마음도 이해가 갑니다. 또한 언론에서 연금제도가 위험하다며 불안을 부추기는 바람에 '노후가 걱정돼 죽겠다'는 사람도 적지 않습니다.

그런데 객관적으로 생각해보세요. 자연재해를 TV 화면으로만 본다는 것은 자연재해가 많지 않은 안전한 환경에 산다는 뜻입니다. 연금도 말처럼 쉽게 고갈되지는 않을 테고요. 만약의 경우를 대비해 내진설계를 강화하고 방재용품을 준비하고 개인연금에 가입하는 등의 자구책을 마련했다면 그 이상의 걱정은 무의미하지 않을까요?

지나치게 낙관적이고 안이한 생각이라고 할 사람도 있겠지요. 하지만 '낙관적'과 '낙천적'을 혼동해서는 안 됩니다. 낙관적이란 '미래의 문제는 반드시 해결될 수 있다고 믿고 행동하는 것'이고, 낙천적이란 '근거 없이 어떻게든 되겠지 생각하는 것'입니다. 가능한 모든 대책을 취했다면, 조금 더 낙관적으로 생각해도 괜찮지 않을까요?

걱정하는 일이 실제로 일어나는 경우가 얼마나 될까요? 미국 인지치료학회 소장 로버트 레이히Robert L. Leahy 박사의 연구에 따르면, 미국인의 38%가 매일 뭔가를 걱정하고 있지만 걱정거리의 85%는 실제로 일어나지 않았습니다. 혹시 일어나더라도 그중 79%는 스스로 해결할 수 있는 사소한 문제였다고 합니다. 그렇다면 '걱정거리는 실제로 일어나지 않는다'라고 머리에 새겨도 괜찮지 않을까요?

그래도 걱정이 끊이지 않는다면 다음의 두 가지 조사 결과가 도움이 될 것입니다.

미국의 한 수녀원에서 발견된 수녀 180명의 일기를 조사했는데, 비관적인 내용을 쓴 수녀는 낙관적이었던 수녀보다 10년 정도 수명이 짧았다고 합니다. 또한 보스턴대학교의 레위나 리Lewina Lee 조교수가 7만 명 이상을 조사한 결과 낙관적인 사람은 비관적인 사람보다 수명이 11~15% 길고, 85세 이상 생존할 가능성도 50~70% 높았습니다.

이 결과야말로 걱정하면 할수록 스트레스만 커진다는 증거가 아닐까요? '돌다리도 두드려보고 건너는' 신중함은 필요하지만, 지나침은 미치지 못함과 같다고 했습니다. 일어날 가능성이 거의 없는 일을 자꾸 걱정하다 보면 스트레스가 괴물이 되어 결국 수명까지 줄어듭니다.

불안은 생각할수록 눈덩이처럼 불어난다.

우울할 땐
청소를 시작하자

앞에서 '비관적인 생각에 사로잡히면 수명이 줄어든다'고 했습니다. 이런 말까지 했는데도 '불경기라 월급을 못 받으면 어쩌지?', '병에 걸리면 가족에게 너무 미안한데', '애인의 마음이 떠날지도 몰라', '정리해고되면 대출을 갚지 못하는데' 같은 비관적인 생각에 갇힌 사람들이 여전히 많습니다.

자꾸 비관적으로 생각하게 되는 것은 그 사람의 성격 때문이 아니라 사실 누구에게나 있는 사고방식입니다. 인간의 뇌 자체가 대단히 비관적으로 사고하도록 설계돼 있기 때문입니다.

과거를 되돌아보면 '그때 이렇게 했으면 잘됐을 텐데'라거나 '그러지 않았으면 좋았을 텐데'라는 이런저런 후회가 샘솟지 않습니까? 이렇게 후회되는 소재(과거의 사건)를 찾으려고 하는 것이 바로 뇌의 성격입니다. 과거만이 아니라 미래를 생각하면서 걱정거리나 불안을 자꾸 떠올리는 것도 뇌의 소행입니다.

비관적인 뇌의 특성에 빠지지 않으려면 뇌가 제멋대로 굴게 내버려두지 말고 자기 의지로 통제해야 합니다.

'뇌를 자기 의지로 통제한다'는 말이 어렵게 들릴지도 모릅니다. 하지만 간단한 방법으로 실천할 수 있습니다.

뇌는 비관적으로 생각하기 쉽다는 것뿐 아니라, '한 가지 일에만 집중할 수 있다'라는 결점도 있습니다. 일이나 좋아하는 취미에 몰두하다 보면 나도 모르는 사이에 몇 시간이 훌쩍 지나 있곤 하지 않습니까? 이것은 뇌가 일과 취미에 집중해서 시간을 인식하지 못한다는 증거입니다.

특히 뇌는 손을 사용하는 작업에 취약합니다. 공예품을 만들거나, 창문을 닦거나, 옷을 다리는 등 뭔가 손을 사용해서 작업하면 뇌는 다른 생각을 하기 어려워집니다. 그러니 비관적 사고방식을 끊고 부정의 악순환에 빠지는 일을 멈추고 싶다면, 손을 이용해서 뭔가를 해보세요.

특히 제가 추천하고 싶은 것은 청소입니다. 눈앞에 있는 얼룩을 제거하거나 먼지 청소에 집중하면 비관적인 기분을 잊을 수 있고, '깨끗하게 청소했다'라는 결과로 긍정적 감정도 샘솟습니다.

저도 비관적 생각에 사로잡힐 것 같으면 책상 위를 청소합니다. 그러면 청소가 끝날 무렵에는 '좋아, 힘내자!'라는 긍정적인 기분이 되어 있습니다. 당신도 꼭 한번 시도해보길 바랍니다.

청소는 우리의 마음까지 닦아준다.

슬픔과 불안은
뇌가 만들어낸
환영에 불과하다

'청소를 하면 기분이 긍정적으로 변한다'는 것은 사실입니다. 일상적으로 떠오르는 비관적인 사고방식이라면 이 방법으로 충분히 대응할 수 있습니다.

하지만 거대한 불안이나 슬픔에 휩싸였을 때 만들어지는 비관적 감정은 대단히 강력합니다. 뇌를 폭주시켜 부정적 감정이 모든 것을 지배합니다. 이런 경우는 청소 정도로는 멈출 수 없습니다.

그다지 기분 좋은 예는 아니지만, 소중한 사람이나 반려동물을 잃으면 마음이 피폐해져 만사 귀찮고 힘들게 느껴집니다. 이것은 지극히 거대한 스트레스에 직면했을 때 나타나는 심신의 반응입니다.

그러나 뇌의 폭주를 그대로 허용하는 한 스트레스는 눈덩이처럼 불어나기만 합니다. 그리고 마음은 완전히 망가져버립니다.

슬픔이나 불안은 뇌가 만들어내는 환영입니다. 이 사실을 깨닫고 뇌의 폭주를 멈추기 위해서는 객관적 시점에서 생각해보는 것이 효과적입니다. '왜 이렇게 슬플까?', '왜 이렇게 불안할까?'라는 생각에 사로잡히지 말고, '아, 뇌가 또 슬픔(불안)이라는 환영을 보여주고 있구나'라고 객관적으로 바라보는 것입니다.

객관적인 관점을 얻는 데 가장 효과적인 방법이 바로 명상입니다. 명상법에는 여러 종류가 있지만, 여기서는 가장 기본적인 방법을 소개하겠습니다.

① 몸에서 불필요한 힘을 뺀 뒤, 허리를 곧게 펴고 의자에 앉습니다.
② 손은 본인이 편한 자세로 둡니다. 무릎 위에 올리거나 팔짱을 껴도 좋습니다.

③ 이 상태에서 한 번 어깨를 위로 들어 올렸다가 툭 떨어뜨립니다.

④ 자세가 준비되면 눈을 감은 채 아무것도 생각하지 말고 휴식을 취합니다.

⑤ 오로지 들이마시고 내쉬는 호흡에 집중합니다. 숨을 들이쉴 때는 코로, 내쉴 때는 입으로 조금씩 천천히 내뱉습니다.

⑥ 잡념이 떠올라도 쫓아가지 않습니다.

잡념을 쫓아가지 않는다는 것은 어딘가에서 TV 소리가 들려도 '이런, 끄고 올걸'이라든가 '누가 TV를 켰어?' 하며 다른 생각을 떠올리지 않는다는 뜻입니다.

그런데 아이러니죠, 아무 생각도 하지 말자고 지나치게 의식하면 오히려 잡념이 떠오릅니다. 이때는 호흡에만 집중하는 것이 좋습니다.

마음이 편안해지면 푸른 하늘에 구름이 떠 있는 광경을 상상하면서 그 구름이 '슬픔'이나 '불안'이라고 생각합니다. 구름은 시간이 지남에 따라 모양을 바꾸고 흘러 사라집니다. 그에 따라 '슬픔'과 '불안'도 어느새 원형을 남기지 않고 사라집니다.

이렇게 명상을 마칠 무렵에는 기분이 상쾌해지고, 슬픔과 불안은 뇌가 만들어낸 환영에 지나지 않는다는 사실을 이해하게 될 것입니다.

명상으로 비관에 사로잡힌 뇌를 회복하자.

내가 행복해야
온 우주가 행복하다

저는 심리케어 전문 클리닉을 운영하고 있습니다. 이 클리닉에서는 정기적으로 환자분과 직원들을 모아 그룹 워크숍을 실시하는데, 그때 '자비의 명상'을 합니다.

자비는 불교에서 온 단어입니다. '부처나 보살이 이 세상의 모든 존재를 불쌍히 여겨, 고통을 없애고 즐거움을 주려는 마음'을 뜻하며, 불교의 근저에 흐르는 사고방식이기도 합니다.

제가 클리닉에서 실시하는 명상은 일본 상좌불교수도회가 고안한 '자비의 명상'을 일부만 바꿔 간단히 만든 것입니다. 해본 분들의 반응이 꽤 좋아서 스트레스로 고민하는 사람들을 위해 내용을 조금 손보아 소개하려고 합니다.

① 먼저 의자에 앉습니다.

② 복식 호흡을 하면서 몸에서 불필요한 힘을 빼고 긴장을 풉니다.

③ 천천히 숨을 들이마시고 내쉬면서 '내가 행복해지길 바랍니다'라고 마음속으로 기원합니다. 여기까지 3번 반복하는 것이 1세트입니다. 이때 소리가 입 밖으로 흘러나와도 괜찮습니다.

④ 기원의 말을 다음과 같이 바꾸고, ③의 순서대로 마음속으로 기원합니다.

⑤ '내 스트레스가 사라지길 바랍니다'를 1세트 실시합니다.

⑥ 'OO의 스트레스가 사라지길 바랍니다'를 1세트 실시합니다. OO에는 스트레스로 고통받는 지인이나 가족의 이름을 넣습니다.

⑦ '스트레스를 받는 모든 사람이 편안해지길 바랍니다'를 1세트 실시합니다.

⑧ '살아 있는 모든 존재가 행복하길 바랍니다'를 1세트

실시합니다.

자비의 명상법을 설명하면 '내 행복을 맨 먼저 기원해도 될까?'라고 의문을 품는 사람이 반드시 있습니다. 자기 행복을 우선하는 게 이기적이라고 느끼는 것입니다. 하지만 내가 행복하지 않으면 다른 사람이나 살아 있는 모든 존재의 행복을 기원할 여유가 생기지 않습니다. 스트레스도 마찬가지입니다. 먼저 본인이 행복해지고 스트레스에서 벗어나는 게 가장 중요합니다. 이렇게 믿고 진심으로 기원해보세요.

자비의 명상을 마치면 누구나 자연스럽게 표정이 온화해집니다. 단지 기분 탓이 아닙니다. 자비의 명상을 통해서 서로 배려하는 마음이나 누군가를 소중히 여기는 마음이 강해지면 '행복 호르몬'인 옥시토신이 뇌내로 방출되기 때문에 일어나는 현상입니다. 옥시토신은 스트레스를 완화하고 불안을 해소하는 일 외에도 면역력을 향상시키는 작용을 합니다. 이미 스트레스로 몸과 마음에 스트레스 반응이 나타난 분들도 꼭 시도해보시면 좋겠습니다.

마음속으로 늘 나에게 안부를 묻자.

말의 부정적 힘을 지우는
한마디

'말하는 대로 이루어진다'는 말이 있습니다. 일본에는 말에 깃든 신비한 힘을 가리키는 '언령言靈'이라는 개념도 있습니다. 나쁜 말을 하면 나쁜 일이 생기고, 좋은 말을 하면 좋은 일이 생긴다는 것이죠. 한갓 미신으로 치부하는 사람도 많겠지만, 놀랍게도 이는 심리학적으로 근거가 있습니다. 바로 '자기충족적 예언'이라는 현상입니다.

자기충족적 예언이란 스스로 뭔가를 굳게 믿으면 이후의 행동에 영향을 미쳐서 믿음이 실현될 가능성이 높아지는 현상입니다. 예를 들어 완치가 어려운 질병으로 진단받아도 장수하는 사람, 심지어 회복하는 사람이 있습니다. 이러한 '기적'의 상당수는 본인 스스로 '반드시 낫는다' 또는 '죽지 않겠다'라고 강하게 염원할 때 일어납니다.

그런데 환자가 단지 바라기만 한다고 되는 게 아닙니다. 환자 스스로 식생활을 개선하고 치료에 전념하는 등 낫기 위한 행동을 해야 합니다. 기적은 그렇게 일어나는 것입니다. 반대로 아무런 노력도 하지 않고 포기하는 사람은 병을 이겨내지 못하는 경우가 많습니다.

앞에서 열등감이 강한 사람은 '어차피'라거나 '나 같은 거' 등의 부정적 표현을 많이 사용한다고 했습니다. 이것 역시 자기충족적 예언으로 설명할 수 있습니다. 부정적 표현을 사용하기 때문에 본인의 행동에 부정적인 변화가 일어나고, 결과적으로 열등감이 강해지는 흐름입니다.

'자기암시couéism'라는 정신요법이 있습니다. 프랑스의 심리치료학자 에밀 쿠에Émile Coué가 고안한 치료법으로, 부정적 표현을 배제하는 것만으로 큰 효과가 있다고 합니다. 예를 들어 관절 통증을 호소하는 환자에게 "통증이 사라진다, 사라진다, 사라진다"라는 말을 반복하게 하면 오랫동안 시달려온 통증이 정말로 사라진다는 것입니다. 믿기 힘든 이야기이지만, 쿠에는 실제 이 방법으로 많은 환자를 통증에서 구했습니다.

혹시 "피곤해"가 입버릇이 되어 있지는 않으십니까? 말로써 발산하려는 의도일 수도 있지만, 쿠에의 관점에서 생각하면 그 반대의 결과를 초래합니다. 다시 말해 실제로 피곤하지 않은데도 피곤해집니다. 그렇게 녹초가 되어버리면 모든 일이 잘 풀리지 않고, 부정적 감정도 생기기 쉽습니다.

하지만 아무리 부정적 표현을 쓰지 않는 게 좋다고 해도 이미 입에 붙어버렸다면 갑자기 사용하지 않기가 어렵죠. 나도 모르게 부정적 표현을 사용했다면 '그렇게 생각할 수도 있지'라는 한마디를 덧붙여 보세요. 그러면 큰 무리 없이 부정적 표현을 부정할 수 있습니다.

삶은 내가 말하는 대로 이루어진다.

예상 밖의 일에
덤덤해지는 연습

《반응하지 않는 연습》을 쓴 구사나기 류슌草薙龍瞬은 경력
이 상당히 이색적입니다. 그는 중학교를 중퇴하고 16세에
가출해서 일본 전역을 방랑했습니다. 이후 대입 검정고시
에 합격해 도쿄대학교 법학부에 진학했습니다. 졸업한 뒤
에는 PHP종합연구소 정책 싱크탱크에서 일하다가 37세
에 출가해 미얀마의 불교대학에서 공부했습니다. 그리고
현재는 어느 종파에도 속하지 않은 독립 출가승으로 활동
하고 있습니다.

　그의 책 《반응하지 않는 연습》에는 정신과 전문의인 저

도 놀라게 한 심리치료법이 소개돼 있습니다. 특히 다음의 한 구절이 주목할 만합니다.

> "사람이 고민에 빠지는 이유 중 하나는 지나치게 판단하는 마음 때문입니다. 판단이란 이 일에 의미가 있는지 없는지, 인생은 살 만한 값어치가 있는지 없는지, 그 사람과 자신을 비교하면 어느 쪽이 뛰어나고 뒤처지는지 등 단정을 짓거나 선입견을 갖게 되는 것을 말합니다."
> ─《반응하지 않는 연습》, 구사나기 류슌, 위즈덤하우스

저는 직업상 스트레스가 괴물로 변해버린 사람들을 매일 접하고 있습니다. 그러다 보니 그분들이 어떤 말을 많이 하는지 알게 되었습니다. "이 스트레스에 어떻게 맞서야 할까요?", "스트레스에 짓눌릴 것 같아요" 등 스트레스에 과잉 반응하고 있음을 보여주는 말들입니다.

그런데 스트레스 및 스트레스 요인에 관해 생각하거나 멋대로 단정 지을수록 스트레스는 점점 심해집니다. 피하고 싶은 회의나 상담을 앞두고 있을 때, 또는 도저히 좋아할 수 없는 이웃과 얼굴을 마주해야 하는 경우를 떠올리면 쉽게 이해할 수 있습니다.

‘회의에서 말을 잘할 수 있을까?’, ‘경쟁자에게 뺏기지는 않을까?’, ‘또 그 사람에게 인사해야 해’, ‘저 사람만 없었으면…’ 등, 생각하면 생각할수록 마음이 무거워집니다.

제가 사는 집 주변에는 전신주가 많습니다. 거슬리냐고 물으면 그렇기는 하지만, 딱히 짜증스럽게 느낀 적은 없습니다. 아마 여러분도 마찬가지일 것입니다. 전신주에 관해 생각한 적도 거의 없거니와 ‘저것만 없으면 행복할 텐데’라는 판단 없이 살고 있기 때문입니다.

스트레스도 마찬가지입니다. ‘스트레스에 맞선다’, ‘스트레스에 짓눌린다’는 등 스트레스에 대해 과도하게 생각하지도, 스트레스는 무조건 나쁘다고 단정하지도 않는 것이 마음의 건강을 유지하는 비결입니다.

하지만 생각하거나 판단하지 않기란 사실 굉장히 어렵습니다. 좌선에서는 무념무상을 요구하지만, ‘아무것도 생각하지 말자’고 다짐할수록 잡념이 떠오르기 마련입니다. 우리의 마음은 청개구리 같아서 ‘생각하지 않는다’라거나 ‘무념무상’을 의식하면 오히려 이런저런 생각이 떠오릅니다.

스트레스를 받을 때는 오키나와 사람들의 지혜를 빌려 봅시다. 그들이 자주 사용하는 단어 중에 ‘테게大概’가 있습니다. 대략 '적당하다', '느긋하다', '작은 일에 신경 쓰지 않는다' 등의 의미로 사용됩니다. 오키나와 사람들의 '테게' 일화는 상상을 초월합니다. '약속 시간이 되면 그때부터 나갈 준비를 시작하는 게 보통이지', '회의도 1시간 이상 늦게 시작하는 경우가 있어', '노선버스는 절대 시간표에 맞춰 오지 않아'라고 하니 놀라울 따름입니다. 순식간에 스트레스가 괴물로 돌변해도 이상할 것 없는 상황인데 말이죠. 오키나와 사람들이 스트레스를 적게 받는 비밀은 '테게'에 있는 게 아닐까요?

스트레스에 일일이 반응하지 말고, 조금 더 '테게'에 따른다면 상당히 편안해질 수 있습니다.

너무 깊게 고민하지 않는다.

어쩔 수 없는 일에
마음 쏟지 말자

"이 세상에 확실한 것은 죽음과 세금뿐이다."

벤저민 프랭클린이 한 유명한 말입니다. 상당히 냉소적이지만 안타깝게도 사실입니다. 이 두 가지는 악마와 거래하거나 법을 어기지 않는 한 자기 뜻대로 할 수 있는 일이 아닙니다.

정처 없는 떠돌이 생활로 유명했던 에도시대의 승려 료칸良寛은 대지진 피해가 발생한 에치고 지방의 친구에게 이런 편지를 보냈습니다. "죽을 때가 오면 조용히 죽음을 받아들이게."

친구에게 했다기에는 상당히 냉정한 말입니다. 아마도 료칸은 '죽을 때가 다가오면 발버둥 쳐도 아무 소용 없다. 그러니 순순히 운명을 받아들이는 편이 편하다. 인간이 할 수 있는 일은 그것밖에 없으니까'라는 말을 전하고 싶었던 건 아닐까 생각합니다.

'죽음'이라는 엄청난 대상이 아니더라도 세상에는 내 힘으로는 어쩔 수 없는 여러 일이 존재합니다. 소중한 사람을 잃는 경우도 그중 하나입니다. 소중한 사람과의 이별은 우리에게 엄청난 스트레스를 줍니다. 이렇게 거대한 스트레스로 마음이 병들지 않으려면 어떻게 해야 할까요?

대개 사람들은 '잊어버리자', '더 이상 생각하지 말자'라고 다짐합니다. 하지만 그런 방법은 오히려 역효과를 초래하고 스트레스를 키울 뿐입니다. 어떤 일을 생각하지 않으려고 할수록 오히려 그 생각이 머릿속에서 떠나지 않기 때문입니다.

이것은 미국의 심리학자 대니얼 웨그너Daniel Wegner가 발견한 심리 현상으로 '사고 억제의 역설적 효과'라 합니다. 실험에서 북극곰 다큐멘터리 영화를 본 사람들에게 "이제부터 북극곰을 절대 생각하지 마세요"라고 지시하자,

그런 지시를 받지 않은 사람들보다 북극곰을 더 선명하게 기억하는 역설적 결과가 나왔습니다.

그렇다면 소중한 사람을 잃었을 때처럼 자기 힘으로는 어쩔 수 없는 일이 일어났을 경우, 어떻게 하면 스트레스를 줄일 수 있을까요? 의외일 수도 있지만, 정답은 지금까지와 똑같은 생활을 계속하는 것입니다.

외식할 때 '여기는 그 사람이 좋아하던 가게니까 다른 곳으로 가자'라거나 '그는 클래식이 취미였으니 당분간 듣지 말아야겠다'라는 식으로 의식하면 안 됩니다. 이런 행동을 하면 오히려 그 사람과의 기억이 되살아나서 스트레스를 받습니다.

그저 자연스럽게 대응하세요. 그렇게 시간이 지나다 보면 감정도 기억도 희미해지기 마련입니다. 바로 그런 이유에서 아무 일도 없었던 듯 변함없이 생활하는 것이 스트레스 해소로 가는 지름길입니다.

자기 힘으로는 어쩔 수 없는 일, 예를 들어 사랑하는 고양이의 죽음 때문에 스트레스를 받고 있다면, '생각나니까 동물병원 앞은 지나가지 말자', '고양이가 나오는 TV 프로그램은 안 볼 거야'와 같은 생각은 하지 마세요.

'인생의 흐름을 거스르지 말고' 예전처럼 생활하는 것이
지금 이상으로 스트레스를 키우지 않는 비결입니다.

충분히 슬퍼하고, 자연스럽게 놓아주자.

8장

너무 잘하려 애쓰지 않는다

합격선을 과감히

내려보자

일단 시작하라

어느 날, 한 편집자와 대화를 나누다가 이런 이야기를 들었습니다. "나가노 온천 중에 가고 싶은 료칸이 있었는데, 최근에 문을 닫아 아쉬웠어요." 친구들과 조만간 가자고 오래전부터 이야기했는데, 좀처럼 실행에 옮기지 못하는 사이 폐관되었다고 합니다.

"그러니까 빨리 가자고 했는데…." 그들은 차일피일 미루다 놓쳐버린 기회를 다 같이 안타까워했다고 합니다. 누구를 원망할 수도 없는 일이죠.

항간에는 '조만간과 유령은 나온 적이 없다'는 우스개도 있습니다. '조만간'이라고만 말하다 보면 실현은 불가능해집니다.

당신에게도 '조만간'이라고 미뤄둔 채 손대지 않고 있는 일이 있지 않습니까?

어떤 일을 뒤로 미룬다는 것은 단기적 스트레스(친구와 일정을 조정하고 료칸을 예약해야 하는 등)를 줄이고 싶은 마음이 강하다는 증거입니다. 하지만 '할 일을 미루고 있다'는 생각이 늘 따라다니기 때문에, 장기적으로는 일을 미루면 더 큰 스트레스가 됩니다. 어릴 때의 여름방학 숙제나 학창시절 과제를 제출해야 하는 상황을 떠올리면 누구나 공감하실 겁니다.

흥미롭게도 전 세계 성인 가운데 20~25%, 다시 말해 4~5명 가운데 1명은 뭐든지 미루는 버릇이 있다고 합니다. 그렇게 많은 사람이 할 일을 미루고 있다니 괜히 안심이 되나요? 그러나 안심하긴 이릅니다. 미루는 버릇이 있는 사람은 장기적 스트레스로 강한 불안감을 느낄 확률이 높기 때문입니다. 또한 스트레스 내성이 약해져서 몸 어딘가에 나쁜 영향이 나타날 가능성도 큽니다.

그렇다면 미루는 버릇을 고치려면 어떻게 해야 할까요?

여기 다음과 같은 세 가지 대책이 있습니다.

① 뭐든 좋으니 지금 당장 시작한다.

'지금 한다'는 것이야말로 미루는 버릇을 고치는 특효약입니다. 조만간 만나자고 전부터 이야기하는 사람이 있다면 지금 당장 그 사람에게 연락해서 약속을 정하세요. 미루고 있는 기획서나 과제가 있다면 제목이나 대략적인 내용만이라도 좋으니 지금 당장 쓰기 시작하세요. 일단 시작하면 생각만큼 스트레스가 큰일이 아니었음을 깨닫고, 편안한 마음으로 작업을 계속할 수 있습니다.

② 해야 할 일을 세분화한다.

미루는 버릇은 단기적 스트레스가 원인입니다. 하지만 할 일을 세분화하면 효과적으로 스트레스를 덜 수 있습니다. 예를 들어 대형 기획이나 이벤트를 맡았다면 계획, 준비, 인원 점검, 예산안, 장소 확보처럼 작업을 구체적으로 나누어보세요.

③ 자신을 게으르다고 단정하지 않는다.

미루는 버릇은 스트레스 때문에 생기는 것이지 게으름

뱅이라는 증거가 아닙니다. '나는 게으르다'라고 단정 지으면, 그것을 핑계 삼아 점점 더 일을 미루게 됩니다. 스스로를 속단하지 마세요.

막상 '행동'에 옮기면 별일 아니다.

생각이 길어지면
행동하지 못한다

"무사도란 죽는 일이다"라는 명언으로 유명한 《하가쿠레葉
隱》라는 책이 있습니다. 에도시대의 무사 야마모토 쓰네토
모가 무사로서의 마음가짐을 기록한 책으로, 그 안에는 다
음과 같은 문구가 있습니다.

"너무 오래 생각하다 보면 좋은 생각도 썩기 마련이다.
질질 시간을 끌면 열에 일곱은 그르친다. 매사를 재빨리 처
리해야 한다. 일곱 번 숨을 쉬는 동안 생각은 정리되는 법
이다."

대단히 엄격한 가르침이지만, 현대에도 충분히 의미 있

는 명언이라고 생각합니다.

'숙고熟考'라는 말이 있습니다. '충분히 여러 가지를 고려하여 잘 생각한다'라는 뜻입니다. 숙고는 틀림없이 중요합니다. 그러나 인생에는 숙고할 시간이 없을 때가 더 많습니다. 면접에서 어떤 질문을 받고 숙고하다 보면 시간이 끝나버립니다. 회의에서 누가 의견을 물었을 때도 생각만 하고 대답하지 못하면 무능하다는 딱지가 붙을 수 있습니다. 결국 자신에게 남는 것은 스트레스뿐입니다.

불필요한 스트레스를 떠안지 않기 위해서는 항상 일곱 번 숨을 쉬는 동안, 그러니까 약 1분 안에 자기 생각과 기분을 정리하는 훈련을 해두는 것이 좋습니다.

하지만 즉시 판단을 내리기 힘들다, 항상 망설이게 된다는 사람도 많습니다. 그런 사람들은 '프리모텀premortem' 기법을 응용한 사고방식이 도움이 됩니다.

프리모텀은 원래 의료 용어입니다. 직역하면 '사전 부검', 조금 살벌하죠. 하지만 부정적 의미가 아니라 환자가 사망하지 않도록 미리 몸 상태를 확인하고 적절하게 대처한다는 뜻입니다.

생명이 위중한 환자에 대한 대응이기 때문에 시간은 없고, 실패도 허용되지 않습니다. 이렇게 극한 상태의 분석법인 프리모텀이 최근 들어 망설임을 불식하는 방법으로 이용되기 시작했습니다.

먼저 어떤 상황에 대한 의견을 A, B, C와 같이 몇 가지로 나눕니다. 프리모텀 사고는 각각의 경우에 일어나는 실패를 떠올리는 데서 시작합니다. 상당히 부정적으로 느껴질 수도 있지만, 이것은 '실패할 위험이 가장 적은 경우를 찾는다'라는 지극히 긍정적인 사고방식입니다. 이렇게 실패할 위험이 적은 생각을 빨리 선택하는 습관을 들입니다.

인간은 양자택일이나 삼자택일처럼 구체적인 제안 중에서 하나를 선택하는 데 익숙하므로 그렇게 어렵지는 않을 것입니다. 적절한 즉결 판단이 가능해지면, 인생의 스트레스를 상당히 줄일 수 있습니다.

인생은 해보지 않으면 알 수 없는 일들의 연속이다.

불필요한 것들을
버리는 연습

10여 년 전에 《단샤리^{斷捨離}》라는 베스트셀러를 기점으로 일본에 단샤리 열풍이 불었습니다. '단샤리'란 주변의 불필요한 물건을 처분하는 동시에 물건에 얽매이지 않고 살아가고자 하는 사고방식입니다. 요가행법인 '단행^{斷行}', '사행^{捨行}', '이행^{離行}'에서 유래한 말로, 이를 정리에 응용하여 '소유는 욕심이고, 욕심은 사람의 마음을 흐리고 어지럽히는 근원이니 물건을 버리라'는 개념입니다. 저도 주변 물건의 단샤리를 1년에 한 번 정도 하고 있습니다.

단샤리는 물건에만 해당하지 않습니다. 매일의 작업이

나 인간관계, 구체적으로는 매년 연하장을 주고받을 때도 단샤리가 도움이 됩니다.

비즈니스 세계에서는 '선택과 집중'이라는 표현이 일찌감치 금언처럼 사용되어 왔습니다. 한정된 자원을 정말 필요한 곳에 집중 투하한다는 의미죠. 이것이 제대로 이루어지지 않으면 회사의 존속마저 위태로워질 수 있다고 합니다. 단샤리는 '자원의 집중'과 같은 바람직한 결과를 가져다줍니다.

추천하는 단샤리 방법은 포스트잇 준비로 시작합니다. 만약 일상의 작업을 단샤리하고 싶다면 매일 하는 일, 예를 들어 '스마트폰으로 게임을 한다', '담배를 피운다', '청소한다', 'TV를 본다', '유튜브를 본다', '메일을 확인한다'와 같이 사소한 일이라도 모두 포스트잇에 적습니다. 처음에는 20~30개 정도로 충분합니다.

인간관계나 연하장의 단샤리를 원한다면 상대방의 이름을 적습니다. 이 단계에서 이미 '이 사람은 자르자'라고 판단이 서기도 합니다. 포스트잇에 적음으로써 마음이 정리됐기 때문입니다.

그런 다음 어떤 기준으로 단샤리를 할지 생각합니다. 취사선택하기 위해서는 반드시 어딘가에 선을 그을 수밖에 없습니다. 일상의 작업이라면 '일에 도움이 되는가?', '몸에 나쁘지 않은가?', '누군가에게 부탁할 수 없는가?' 등을 적으면서 정말 필요한 것과 불필요한 것으로 나눕니다. 꼭 해야 할 일과 하지 않을 일을 결정하는 것입니다.

인간관계의 단샤리라면 '일에 도움이 되는가?', '정말 필요한 인간관계인가?' 등이, 연하장이라면 '반년 이상 소식이 없는가?', '연하장에 개인적으로 메시지를 적은 적이 없는가?' 등이 기준이 될 수 있겠지요. 기준선을 정했다면 선 아래의 사람을 잘라냅니다.

이런 식으로 남은 물건과 사람에게 우선순위를 부여합니다. 이때도 선 긋기에 적용한 기준을 사용합니다. 그렇게 하면 정말 해야 할 일이나 소중한 인간관계를 분명하게 알 수 있습니다.

시간과 능력, 돈 등 한정된 자원을 여기에 집중한다면 스트레스도 많이 줄어들지 않을까요?

멀어지는 인연은 그대로 멀어지게 놔두자.

가끔은
도망쳐도 된다

몇 년 전에 일본에서는 〈도망치는 건 부끄럽지만 도움이 된다〉라는 드라마가 인기를 끌었습니다. 만화가 원작인 작품으로, 제목은 헝가리 속담에서 가져왔다고 합니다. 헝가리에서는 '문제를 제대로 마주하지 않고 도망치는 것은 부끄러운 일이라고 생각하지만, 때로는 최선의 해결책이 될 수 있다'라는 의미로 사용합니다.

이와 비슷한 말로 "명예로운 철수"가 있습니다. 리처드 닉슨이 미국 대통령 선거에 출마했을 당시 수렁에 빠져 있던 베트남 전쟁을 끝내기 위해 사용한 슬로건이었습니다.

'철수는 원래 불명예스러운 일이지만, 미국의 국익과 미군의 생명을 지키기 위한 선택은 이것밖에 없다'는 의미로 사용되었습니다.

애초에 닉슨에게는 불리한 선거였는데 당선된 것을 보면 이 슬로건이 미국 국민들에게 주효했던 것 같습니다. 그렇다면 닉슨이 대통령이 된 데에도 '도망치는 것이 도움이 되었다'고 말할 수 있을지 모릅니다.

살다 보면 한 번 더 노력해야 할지 물러나야 할지 고민될 때가 있습니다. 이때 그릇된 판단을 내리면 스트레스가 괴물로 변해 우울증에 걸리거나, '근성 없다'는 부정적 평가를 받습니다. 그 말이 또 스트레스 요인이 되고요.

앞에서 단샤리 방법으로 소개한 '선 긋기'는 이런 판단 실수를 방지하는 데도 큰 도움이 됩니다. 한 예로 장점과 단점을 세어보며 비교하는 선 긋기 방법도 효과적입니다. 이때는 포스트잇이 아니라 A4 정도의 빈 종이를 준비합니다. 가운데에 세로선을 긋고 왼쪽 위에 '장점', 오른쪽 위에 '단점'이라고 씁니다. 그리고 고민 중인 문제에서 도망쳤을 때를 상상하면서 장점과 단점을 적어보세요.

일이 너무 힘들다면, 도망쳤을 때의 장점 칸에 '스트레스에서 해방된다', '쉴 수 있다', '술을 덜 마시게 된다', '업무량이 줄어들 가능성이 있다' 등을 쓸 수 있습니다. 단점 칸에는 '상여금이 줄어들지도 모른다', '승진에서 밀릴 수 있다', '상사의 신뢰를 잃는다' 등이 채워질 것입니다. 그리고 작성한 각각의 항목에 3점 만점을 기준으로 점수를 매기고, 합계를 비교합니다.

만약 장점의 점수가 크다면 '명예로운 철수'를 긍정적으로 검토해야 합니다. 반면 단점이 크다면 불면이나 두통, 우울증, 원형탈모증 등 스트레스 질환이 생기지 않는 선에서 조금만 더 노력해보세요.

버티는 것만이 능사는 아니다.

가망 없는 일은
질질 끌지 말고
빨리 그만두자

제가 클리닉을 열었을 때 알고 지내던 경영 컨설턴트가 재미있는 조언을 해주었습니다.

"개업하기 전부터 재수 없는 이야기를 해서 죄송하지만, 혹시라도 클리닉 운영이 어려워질 경우가 있잖아요. 그러면 사람을 줄여야 하는데, 이때 절대로 희망퇴직자를 모집하면 안 됩니다. 우수한 사람, 이 사람은 꼭 남았으면 하는 사람이 가장 먼저 손을 들거든요. 경영이 어려워진 회사에서 희망퇴직자를 모집하면 대부분 경영이 더 힘들어져요."

경영 초보였던 저는 처음에는 농담이라고 생각했습니

다. 하지만 침착하게 그 말을 되새기면서, 과연 심리학적으로도 정곡을 찌르는 조언이라고 감탄했습니다. 우수한 사람은 희망퇴직뿐 아니라 모든 일에서 적절한 시기에 '단념'할 줄 알기 때문입니다.

우수한 사람은 자기 안에서 항상 선 긋기를 하고 있습니다. 자신이 설정한 기준에 도달했는지 아닌지를 판단할 수 있고, '기준 이하'라는 것을 깨달으면 즉시 단념합니다. 다시 말해 '단념'해야 할 타이밍을 놓치지 않습니다.

반면 보통 사람은 통념과 달리 쉽사리 단념하지 못합니다. 왜 그럴까요? 미국의 심리학자 테오 차오시데스Theo Tsaousides 박사는 대단히 흥미로운 주장을 했습니다. "어떤 목표를 향해 나아가고 있을 때, 인간은 중도에 포기하는 것보다 실패하는 것을 더 쉽게 받아들인다."

많은 이들은 실패하더라도 충분히 노력했다면 그 인내력을 치하합니다. 반면 중간에 포기하면 끈기가 없다며 나약하다고 여기는 경향이 있습니다. 그래서 실패할 것을 알면서도 끝까지 밀고 나가는 사람이 많습니다.

그러나 실패가 예정된 노력을 계속한다니, 얼마나 스트레스가 크겠습니까. 귀중한 시간과 자원의 낭비인 건 말할 필요도 없습니다. 이런 스트레스에서 벗어나려면 미리 선을 그어두고 가망 없음을 깨달으면 빨리 손을 떼는 자세가 중요합니다.

선 긋기의 기준은 각자가 정하기 나름입니다. 퇴사의 기준선으로는 '회사의 경영 상태나 장래성', '연봉 인상률', '경영자나 상사의 인간성', '회사의 불합리성', '현재보다 대우가 좋은 이직처' 등을 상정할 수 있습니다. 연인과의 이별을 고려하는 기준선이라면 '함께 있으면 즐거운가?', '숨기는 일은 없는가?', '삶의 가치관은 비슷한가?', '금전적 문제는 없는가?' 등을 들 수 있겠죠.

이렇게 선 긋기를 해두면 실패라는 최악의 결말까지 질질 끌고 가지 않을 수 있습니다.

'그만둔다'라는 선택은 부끄러운 일이 아니다.

내가 납득해야
후회하지 않는다

당신이 도서관에서 복사하려고 줄을 서 있는데, 어떤 사람이 먼저 하게 해달라고 부탁합니다. 다음 중 어떤 말투라면 허락해주겠습니까?

① 먼저 복사하게 해주세요.

② 복사하고 싶으니 먼저 사용하게 해주세요.

③ 제가 급해서 그런데 먼저 복사하게 해주세요.

이것은 뉴욕시립대학 대학원에서 진행한 심리 실험입니

다. 실험 결과 복사기를 먼저 사용하도록 허락해준 사람의 비율은 ①이 60%, ②가 93%, ③이 94%였다고 합니다.

③처럼 명확한 이유를 제시하며 부탁한 경우가 가장 높게 나온 것은 이해가 갑니다. 그러나 '복사하고 싶으니 먼저 사용하게 해주세요'라는 이유 같지 않은 이유를 듣고도 부탁을 들어준 비율이 ③과 맞먹는다는 결과는 대단히 흥미롭습니다.

이에 대해서는 다음과 같이 분석하고 있습니다. "어떤 이유가 존재한다면 인간은 납득할 수 있다. 이유의 내용은 큰 상관이 없다." 납득한다는 행위가 인간에게 얼마나 중요한지 알 수 있습니다.

이것을 우리 자신에게도 적용해보면 어떨까요? 내가 납득하고 시작한 일이라면 혹여 실패로 끝나더라도 큰 불만과 스트레스를 느끼지 않습니다.

그러나 자신의 판단과 행동을 언제나 납득할 수 있는 건 아닙니다. 그렇다면 자신을 납득시키기 위해서는 어떻게 해야 할까요?

이때 응용하기 좋은 방법이 '액티브 러닝active learning'입니다. 교사가 일방적으로 강의하는 방식이 아니라 학생들의 적극적인 수업 참여를 유도하는 교육법입니다.

액티브 러닝을 응용하는 가장 초보적인 방법은 '왜?', '어째서?'라는 질문으로 시작하는 것입니다.

예를 들어 회사에 가고 싶지 않다는 생각이 들었다고 해봅시다. 왜 그런지 자신도 이유를 모르겠다면 '왜 회사에 가고 싶지 않을까?'라고 질문합니다.

이때 '상사가 불편해서'라는 대답이 나옵니다. 그러면 계속해서 '왜 상사가 불편할까?'라고 질문합니다.

'뭘 해도 지적만 하니까.'

'왜 항상 지적할까?'

'내가 상사의 요구에 충분히 부응하지 못하기 때문에.'

'왜 상사의 요구에 충분히 부응할 수 없을까?'

'일이 나와 맞지 않아서.'

'왜 지금의 일이 나와 맞지 않을까?'

'원래 다른 부서에 배속되기를 바랐기 때문에.'

이렇게 질문을 계속하다 보면 '다른 부서에 배속되고 싶다'라는 납득할 만한 대답을 얻게 됩니다. 이것이야말로 처음부터 자신이 바라던 일이었습니다. 이제 진짜 답을 알게되었으니 해야 할 일은 무단결근이나 퇴사가 아니라 회사에 부서 이동 신청서를 제출하는 것입니다. 만약 바람이 이루어지지 않아도, 본인이 납득하고 행동했기 때문에 후회나 스트레스는 느끼지 않을 것입니다.

모두가 자신만의 정답을 갖고 있다.

내가 저지른 실수를
기꺼이 용서한다

"인간은 실수를 저지르는 동물이다."

이것은 역사상 인물이 남긴 격언이 아니라 제가 일상적으로 느끼는 점입니다. 아, 오해는 않으셨으면 좋겠습니다. 잘못이나 실수를 비난할 의도는 전혀 없습니다. 오히려 실수는 인간을 성장시키는 대단히 중요한 요소라고 생각합니다. 아인슈타인도 이렇게 말했습니다. "한 번도 실수하지 않은 사람은 한 번도 도전하지 않은 사람이다." 실로 지당한 말입니다.

하지만 현실에는 사소한 실수에도 지나치게 걱정하는

사람이 많습니다. 앞에서 말씀드린 대로 그런 걱정은 거대한 스트레스가 되어 뇌에 악영향을 미치고, 결국 정신적으로나 신체적으로 당신을 지치게 만듭니다. 그러므로 '내가 저지른 실수를 용서한다'는 마음을 가졌으면 좋겠습니다.

'실수를 용서하다니, 말도 안 돼!'라고 놀라는 사람들도 있겠지요. 물론 사람의 목숨과 관련된 실수를 저지르면 당연히 용서받을 수 없습니다. 그러나 사소한 실수는 본인이 걱정하는 것만큼 부정적인 영향을 주지 않습니다. 오히려 긍정적으로 작용하기도 합니다.

작은 실수에는 사람들이 동정을 하고, 때로는 호감까지 느끼는 심리 경향이 있습니다. 주위에 자신의 약점을 내보이는 것을 '자기노출self-disclosure'이라 하는데, 자기노출을 하면 주변 사람들은 '나에게 마음을 열고 있구나'라고 느끼고 호감을 품게 됩니다.

게다가 자기노출은 마음의 부담도 덜어줍니다. 오랫동안 도망 다니던 지명수배자가 체포되면 "이제야 마음이 편하다"라고 말하는 경우가 의외로 많습니다. 이 역시 비밀이라는 약점을 감추고 살아가는 일이 얼마나 많은 스트레스를 주는지를 보여줍니다. 그러므로 어떤 실수를 저지르면 '자기노출의 기회다!'라고 긍정적으로 받아들이는 건 어떻습니까?

실수를 저질렀다는 사실을 그대로 받아들이면 도파민 분비가 촉진됩니다. 그 결과 뇌가 활성화되어 이전보다 정보 흡수가 빨라지며 적절한 판단을 내릴 수 있게 됩니다. 즉 다시 실수하지 않게 됩니다. 궁극적으로 실수를 통해 더 나은 인격과 지식이 형성되기도 합니다. 흔히 '실패는 성공의 어머니'라고 말합니다. 이 말 그대로 실수는 경험과 배움으로 이어져 인생에 큰 도움이 됩니다.

나에게 실수를 허락하자.

어제보다 오늘 더
성장한 것으로 충분하다

인생에서 실패나 좌절은 떼려야 뗄 수 없는 존재입니다. 갑자기 부정적인 이야기를 시작했지만, 유감스럽게도 이것이 현실입니다. 학창 시절에 반드시 가고 싶었던 학교에 진학하지 못했거나, 열심히 노력한 활동에서 성과를 내지 못했거나, 용기를 쥐어짜 고백했더니 '미안해'라는 한마디로 거절당한 일도 있을 것입니다.

사회에 나와서도 실패나 좌절은 계속됩니다. '태어날 때부터 모든 일이 순조롭게 풀려서 실패나 좌절은 한 번도 경험한 적이 없다'는 사람을 본 적 있습니까? 저는 만나지 못했습니다.

모든 일이 순풍에 돛단 듯 흘러갈 수 없다면, 실패나 좌절을 어떻게 받아들일지 미리 생각해두는 것이 스트레스에 대비하는 방법입니다. 이에 따라 인생의 방향성이 크게 좌우될 수 있습니다.

네, 그렇게 해도 실패하면 기분이 가라앉고, 좌절하면 기가 죽습니다. 이것은 뇌의 성격이기 때문에 어쩔 수 없습니다. 하지만 단 한 번의 실패나 좌절로 도전을 포기해서는 안 됩니다. 심하게 차였다고 누군가를 만나는 노력을 그만두면 두 번 다시 애인은 생기지 않습니다. 단 한 번 시험에 실패했다고 공부를 그만두면 두 번째 기회는 찾아오지 않습니다. 실패와 좌절에는 성공과 도약을 위한 힌트가 숨겨져 있다고 생각하고, 이를 통해 무언가를 배우고 다시 도전하는 자세가 중요합니다. 에디슨도 이렇게 말했습니다. "우리의 가장 큰 약점은 포기다. 성공하는 가장 확실한 방법은 언제나 한 번 더 시도하는 것이다."

'고백이 성공하지 못한 이유는 뭘까? 그래, 상대방이 나를 어떻게 생각하는지 고려하지 않은 것 같아. 다음에는 내 마음만이 아니라 상대방의 마음도 고려해서 고백하자'라거나, '시험에 합격하지 못한 이유는 잘못된 공부법 때문일지도 몰라. 합격한 동료의 이야기를 듣고 공부법을 다시 검토해야겠다'고 생각해보는 겁니다. '다시 한 번' 시도해야 합니다.

다시 도전해서 성공한 사람은 당신 주변에도 분명히 있습니다. 외모는 그저 그런데 이성에게 인기가 많고 항상 누군가를 사귀고 있는 사람이나, 그렇게 열심히 하는 것 같지 않은데 항상 성과가 좋은 동료가 있을 수도 있겠죠. 정말 부러운 존재로 보이지만, 그들도 실패와 좌절을 경험하고 있습니다. 그럼에도 성공한 것은 실패와 좌절에서 배움을 얻고 '다시 한 번' 시도했기 때문이 아닐까요?

이렇게 '다음 기회가 있다'라고 생각하는 습관이 생기면, 실패나 좌절로 큰 스트레스를 받지 않게 됩니다.

실패하지 않는 인간은 없다.

일단 피곤하지 않게 살아보겠습니다

정신과 의사가 알려주는 마음휴식법

2024년 1월 29일 초판 1쇄 발행
2024년 3월 15일 초판 2쇄 발행

지은이 호사카 다카시
옮긴이 김영주

펴낸이 김은경 ┃ **편집** 권정희 ┃ **마케팅** 박선영 ┃ **디자인** 황주미 ┃ **경영지원** 이연정
펴낸곳 ㈜북스톤 ┃ **주소** 서울시 성동구 성수이로7길 30, 2층
대표전화 02-6463-7000 ┃ **팩스** 02-6499-1706
이메일 info@book-stone.co.kr ┃ **출판등록** 2015년 1월 2일 제2018-000078호

ⓒ 호사카 다카시
(저작권자와 맺은 특약에 따라 검인을 생략합니다)
ISBN 979-11-93063-28-6 (03190)

북스톤은 세상에 오래 남는 책을 만들고자 합니다.
이에 동참을 원하는 독자 여러분의 아이디어와 원고를 기다리고 있습니다.
책으로 엮기를 원하는 기획이나 원고가 있으신 분은 연락처와 함께
이메일 info@book-stone.co.kr로 보내주세요.
돌에 새기듯, 오래 남는 지혜를 전하는 데 힘쓰겠습니다.